目录

Contents

1
PART

充实自我:
精通 CEO 制胜行为

PART 2

攀上巅峰：
夺下梦幻工作

PART 3 稳健收获：
从容面对职务挑战

第 9 章
金字塔顶端的五大危险

第 10 章
快速整顿你的团队

第 11 章
与巨人共舞：与董事会和平共处

结语
从平凡迈向卓越

为 什 么
精英都有超级
领导力

THE CEO NEXT DOOR

[美] 埃琳娜·L. 博特略（Elena L. Botelho）　　[美] 金·R. 鲍威尔（Kim R. Powell）◎著

张 缘　刘 婧◎译

湖南文艺出版社　　博集天卷

PART 1

充实自我：
精通 CEO 制胜行为

第 1 章
CEO 基因大解密

你一直拥有这种力量，亲爱的。

——莱曼·弗兰克·鲍姆《绿野仙踪》

你永远成不了CEO。这是我们大多数人从小就被灌输的信息。你或许能力超群，比任何人都拼命工作，所做的一切都完美无缺，但是你被告知，如果没有与生俱来的气质，如果简历中没有傲人的从业背景，如果缺少耀眼的家世，那么你达到人生顶峰的机会便十分渺茫。因此我们猜想，成为CEO对我们这样的"普通人"来说，不啻天方夜谭。

当今世界变化的速度比以往任何时候都要迅猛，但关于领导者们的叙述仍然局限于那些非同凡响的人物，比如"有远见的先知"史蒂夫·乔布斯（Steve Jobs），以及像杰克·韦尔奇（Jack Welch）这样的"执行官勇士"。这种偶像级的CEO仿佛是强大的贵族。他们胆识过人、魅力四射、性格活泼、个人履历无懈可击。作为先知先觉者，他们对商业前景嗅觉灵敏，以远超常人的自信从达沃斯飞往底特律，商业脚步遍及全球；作为杰出的战略家，他们用独树一帜的历程塑造着现实社会。而作为公众，这种故事我们已经读了几十年。

难怪我们觉得自己天生不是成为CEO的料！因为我们知道自己根本没有那种典型的性格特质。

但随后，唐·斯拉格（Don Slager）出现了。2005年，当我们第一次见到唐的时候，他也不觉得自己是成为CEO的料。当唐步入房间参加我们团队的会议时，他伸出了一只劳动者的大手。他看起来大约有一米八高，体格像进攻内锋那样魁梧，令人敬畏。他的握手却带有令人惊讶的试探性。唐向我们表示，他不确定自己是否适合担任CEO。他此前很享受COO（首席运营官）的角色，但是从没把自己看成是一个CEO。他怀疑自己是否够格参加竞聘，而且也不认为自己在这个机会面前会被认真考虑。

唐并不符合我们心目中传统的CEO形象。他在离芝加哥不远的一个蓝领社区里长大，附近是伊利诺伊州兰辛的加里钢铁厂。他的身边是焊工、卡车司机和钢铁厂工人，而不是大学毕业生。对那时的唐来说，他的身边没有CEO。怀揣着成为建筑师的梦想，他进入了职业高中，但在毕业后成了一名建筑工人，而他的第一份工作是驾驶垃圾车。在6年多的时间里，他每天凌晨2点45分打卡，3点开始上路，要忍受10到12个小时单调乏味的路程。每个周末，他会领取工资支票，然后准备下一次枯燥的例行公事。

然而奇妙的是，唐实际上是个货真价实的CEO，而且是一名出色的CEO。在他的领导下，共和废品处理公司（Republic Services）——这家在废弃物管理行业年收入超过90亿美元的财富500强企业——的股票在2012年至2016年的收益连续五年超过了标准普尔平均回报，2015年更是超过了标准普尔平均回报的8倍。自从唐执掌公司以来，截至2017年下半年，共和废品处理公司的市值从115亿美元增长至220亿美元，几乎翻了一番。根据共和废品处理公司员工的匿名和自愿评价，唐获得了Glassdoor（美国某求职招聘网站）雇员选择奖，并被Glassdoor评选为2017年度最佳CEO。唐没有在哈佛商学院学习领导力的背景，甚至没有大学文凭。他从蓝领起步的那段工作为他奠定了稳固的平台，在艾奥瓦州得梅因和伊利诺伊州芝加哥驾驶6年垃圾车的经历塑造了他杰出的领导才能。是唐的领导行为和选择——而非家世——助推他登上废弃物管理行业的顶峰。唐的父亲的座右铭是"每天露个脸"，这给了唐很大程度的自由，只要成绩理想、家务完成就可以了，且使得唐变得坚定可靠，而这也是成为一名成功的CEO所应具备的关键特质。唐奉行"给予110%"的为人处世之道，因此获得的声誉为他赢得了很多导师的关注，并帮助他制定更高的目标。那些将所有垃圾桶倾空的漫长乏味的日子赋予了他坚忍的品质，这让他不仅能够安身立命，而且能够在公司面临重组的黑暗时期成为领导者，在许多人退出或被迫放弃时能挺身而出。更重要的是，他的出身赋予了他开拓业务的权威性，如果由一个"典型的"白领执行官发号施令，则往往会遭到来自执行层面的抵制。

当唐成为共和废品处理公司的CEO时，他已担任过公司里几乎所有的岗位，并作为COO辅佐过4位CEO。唐不确定自己是否理应或渴望成为CEO。他发现，CEO的角色中存在某些令人讨厌的方面，比如需要迎合华尔街。而他最终同意应聘，只是因为一个更简单的原因：想让共和废品处理公司成为"美国首选"的心愿，要求他完成只有CEO才能做到的事情——制定战略、建立团队，以及塑造公司文化。

因此，这个没有学位的垃圾工最终成为一名CEO，并被员工和竞争对手一致认为是最富激情、最受尊重、效率最高的领导者之一。唐从垃圾车到套房的旅程可能听起来非同寻常，但这不是孤案。不计其数的CEO都有着不可思议的背景。比如安泰保险金融集团（Aetna）的马克·贝尔托利尼（Mark Bertolini）或者利尔公司（Lear）的马特·西蒙奇尼（Matt Simoncini）。这些看似平凡的人取得了非凡的成就。他们可谓是"住在隔壁的CEO"。我们是怎么知道这一切的呢？那是因为我们已经为300多位CEO进行过辅导，并为他们提供咨询和培训服务。我们是一家名为ghSMART的公司的领导层顾问团队。董事会、CEO和投资者们依靠我们的客观咨询建议，来辅助他们选择合适的CEO候选人。我们采用严格的分析方法，首先，帮助客户确定未来商业成功的蓝图及其所需的领导资质，其次，我们会对候选人进行评估，对他们被聘用之后会有何种表现做出预判。我们进行长达5小时的涉及广泛的访谈，以确定候选人的技能、成就、误区、动机和心态。我们以精准设置的顺序依次提出问题，以打破那些头脑灵活的CEO的巧妙周旋。我们倾听他们吐露毫不掩饰的事实，包括最伟大的胜利、所遭受的痛苦挫折，以及挑战和遗憾。

我们强大的数据收集和分析技术提供了一个"领导力魔球"的解决方案，可以帮助客户避免因为普遍的冲动错误而做出的错误聘任决定。我们关于客户的独立分析表明，我们所采用的方法的准确性至少达到了90%——而传统面试过程中的错误率是50%。自1995年以来，我们的团队已经为超过17 000名高级管理人员提供了咨询和评估服务，其中包括2000多名CEO和CEO候选人。与董事会成员或搜索公司不同，我们以完全客观的角度分析CEO，并不服务于任何特定的结果。当我们对领导者的资质分析提示某位候选者与某公司CEO或领导职位相匹配时，我们会为她或他做出推荐，无论他们的出身如何，我们对唐的做法就是这样。

当你像我们一样遇到像唐·斯拉格这样卓然超群，但看似并非传统的CEO人才时，你会开始对传统发出质疑。如果这些CEO深信那种呆板、僵化的领导模式，他们甚至永远都不会赢得第一次晋升。看着唐今天的成功，没有人会猜到12年前的他曾质疑自己是否适合高层领导职务。"你们对我进行了评估，说我是美国梦的一个活生生的象征，并且认为我具备成为CEO的潜力。你们是CEO的专家。感谢你们的反馈，我改变了外貌，拥有了自信并开始弥补不足。我决定放手一搏，看看我能做些什么。而接下来的事，就像人们所说的那样，无须赘言了。"

我们发现自己会从这些CEO逆袭的故事中得到激励。这种激励将我们引向这本书背后的基本问题：我们所知道的这些"不太可能"的CEO是否只是幸运的个案？或者，传统的关于成功CEO的描述是不是一个彻底的谬误，怎么做才能成为CEO呢？

在我们的客户工作中，我们的目标是解决1120亿美元的问题。普华永道的一项研究显示，雇用或坚持选择错误的CEO会导致股东每年损失约1120亿美元的市值。仅在2017年5月至6月，通用电气（General Electric）、美国钢铁（U. S. Steel）、福特汽车公司（Ford）和J. 克鲁公司（J. Crew）的CEO都在股东的压力下离开岗位，促使《纽约时报》称其为美国伟大CEO时代的终结。在这本书中，我们的目标是解决一个更大的问题。这些关于CEO的流行刻板印象——普遍认为他们是商界中的最杰出的人才——给任何层级的领导者们提供了错误的榜样和成功标杆。更糟糕的是，他们使数百万像唐·斯拉格这样有才能的人，从不敢梦想领导者的角色。传统的CEO形象和我没有半点相似，何必还要尝试呢？这才是真正的悲剧。

关于CEO的一个重大谬误就是我们倾向于将我们的视野囿于一些主流出版物上出现的公司和领导人。这个观点——通常只关注财富500强公司——是非常狭隘的。它同样也很肤浅：因为在这些领导者看似完美的公共履历之外，我们对他们所知甚少。我们倾向于忽视数量庞大的其他各种规模的公司。举例来说，如果把视野扩大到财富500强以外，仅在美国就有200多万家公司。这意味着有超过200万的CEO：他们广泛而丰富的领导经验不会经常被媒体报道。这些小公司是我们经济的重要引擎，它们创造了几乎一半的美国非农生产总值。当我们将视野范围扩大时，"普通"CEO的形象就发生了根本性的变化，在职业生涯中得到独立办公室的概率也会发生根本的改变。如果说你有二十四万分之一的机会成为财富500强企业的CEO，那么如果扩大企业范围，则意味着这个概率会变成五十分之一。

我们的使命是将真相从虚幻中剥离出来，揭示成功CEO的真实样貌，我们开始提出一些有针对性的问题：一个人如何成为比率为五十分之一的CEO呢，或者换句话说，成为跻身于二十四万分之一的佼佼者呢？是什么让唐·斯拉格和其他与其相似的人获得了出人意料的成功，成就人生的巅峰？他们是如何胜出的？他们是如何得到关注的？我们每个人能从他身上学到什么？成功者和失败者的区别究竟在何处？

如果我们能够回答这些问题，便可以讲述一个关于领导者的更为准确的故事，这个故事将会为任何有才华的人打开通往CEO房间的大门，让任何想要充分发挥潜力的人开始为必要的工作全力以赴。更棒的是我们可以为你的梦想提供路线图。

成为CEO要有什么条件？

为了揭晓这些问题的答案，我们转向了ghSMART数据库，那里包含了17 000份领导力评估。我们所进行的评估访谈通常持续大约5个小时，而且比传统的访谈或心理测验评估可以揭示出更多的结果。《华尔街日报》称这个数据库凭借其独特的领导力数据的广度和深度"令人垂涎"。为了挖掘这些数据，我们聘请了一流的学者和研究人员，并部署了尖端的分析技术。本书以世界上最全面的领导力数据库为依据，以21世纪最先进的数据挖掘技术为基础，展现了对CEO的洞察和见解。

10年前，我们与芝加哥大学和哥本哈根商学院的史蒂文·卡普兰（Steven Kaplan）和莫滕·瑟伦森（Morten Sørensen）两位教授及其领导的研究小组合作研究了17 000名领导者的数据集。为此，他们筛选出了2600名领导者作为子集进行更为深入的分析。卡普兰的研究主要基于ghSMART分析中测评的30种能力。当我们通读了一份又一份的成绩单后，我们发现自己想知道通过将CEO与非CEO、成绩高的CEO与成绩低的CEO的行为模式相比较，能否比单独的能力数据提供更为深刻的见解。要发现这些模式，需要分析超过10万页的成绩文本记录——这是一个艰巨的挑战。

就像绘制人类基因组图谱一样，解开"CEO基因组"的秘密需要依赖尖端的科学技术。解决方案来自意想不到的地方。2013年，杰夫·斯马特（Geoff Smart）和埃琳娜（Elena）为杰夫的《能量分数：成功领导力公式》（*Power Score：Your Formula for Leadership Success*）一书对赛仕软件公司（SAS）创始人兼CEO吉姆·古德奈特（Jim Goodnight）博士进行了采访。赛仕分析软件通过仅列举一个高风险应用程序为各大银行用来检测欺诈的预测工具提供驱动。在交谈中我们发现，如果这个软件每年能处理超过几百万份纳税申报表，它也可以处理数千份CEO访谈记录。所以我们在世界上最丰富的领导行为数据库的一个子集上启用了世界上最强大的预测分析软件。

我们所称的"CEO基因组计划"在理解推动领导力成功的因素方面开辟了新的天地，洞察出了平常的回归分析永远无法获得的见解。这些发现令我们惊讶并带给我们启示。《哈佛商业评论》（*Harvard Business Review*）认为我们的研究引人注目，并与今日的领导者息息相关，于是将"CEO基因组行为"选为封面文章（"是什么造就了成功的CEO"，《哈佛商业评论》，2017年6月5日）。这篇文章和相关报道被全世界的读者浏览，下载量超过25万次。通过这些数据勾勒出的成功CEO的画像凝视着我们，他们看起来并不像我们所期望的那样光彩照人、高不可攀。事实上，这些数据打破了CEO们身上的一些光环。

CEO光环

◎ 只有常春藤毕业生才能申请

事实上，只有7%的CEO毕业于常春藤大学。在我们的样本中，8%的CEO甚至没有完成大学学习，或是花费了很长时间才毕业。常春藤学校的毕业生在世界500强企业的CEO中更为多见，但是除这些跻身大型企业的一小群人之外，CEO们的教育背景和家世更具有多样性。

◎ CEO们从小就注定是伟大的

在我们采访的CEO中，有70%的人并没有在人生的早期就为成为

CEO做准备。只有当他们到达高级管理人员的层级——通常拥有了15年以上的工作经验之后——他们才开始认为自己或许可以胜任这个职位并获得成长。

◎ CEO被视为超级英雄

我们惊讶地发现，将"独立性"视作决定特性的CEO，其表现不佳的可能性是其他CEO的两倍。与其他CEO候选人相比，成绩最差的CEO候选人使用"我"的频次比"我们"高得多。对于许多成功的CEO来说，这种团队导向可以追溯到早期有组织的体育运动和对他人的辅导中。

◎ 成功的CEO拥有传奇的人格，超凡的个人魅力和自信

具有超凡魅力的"宇宙大师"可能在好莱坞电影里展现的董事会中所向披靡，但在真正的董事会会议室里，结果胜于魅力。在我们的研究中，三分之一的CEO实际上将自己形容为"内向型"。在我们的样本中，自我描述为内向型的人更有可能超过董事会的期望。在符合期望的CEO中，内向者和外向者之间没有统计上的显著差异。极其自信的候选人成功晋级的可能性会增加一倍以上，但对于工作中的表现，自信并不会带来任何优势。

◎ 要成为CEO，你需要一份完美无瑕的简历

事实是：45%的CEO候选人至少因为一次重大的职业挫折而终止了一份工作，或者在事业中付出了惨痛的代价。然而，他们中有超过78%的人最终赢得了最高职位。成就成功的CEO的原因不在于不犯错，而在于如何对待错误和挫折。将挫折视为失败的CEO候选人如果成功获聘CEO，他拥有强劲业绩的概率会降低一半。

◎ 女性CEO成功的方式不同于男性

女性可以展现出不同于男性的领导风格和方式，但是依据统计数据，性别对能否在CEO的职位上拥有强劲业绩不会产生影响。无论女性还是男性，成功的CEO都会展现出4种CEO基因行为。在具有重要影响的方面，女性CEO和男性CEO看起来更具相似性，而非不同。不幸的是，一个巨大的鸿沟依然存在。根据年份统计，只有4%—6%的大企业的CEO为女性。

◎ 伟大的CEO在任何情况下都能游刃有余

一个普遍的误解是，一个伟大的CEO能够处理任何情况。实际上，我们发现伟大的CEO非常注重如何明确角色和背景，从而取得成功。即使拥有CEO职位，他们也能自觉地否决错误的工作。许多擅长扭转困境的公司CEO可能会在高增长的背景下感到挣扎，反之亦然。

◎ 要成为CEO，你需要事无巨细

每个人都有需要改进的地方，这对CEO来说也不例外。即使是成绩最优秀的CEO，当他们晋升后也有3到6个关键的发展领域有待提高。那些迅速成功的CEO身边通常拥有一个正确的团队，可以与之分享他们的技术和经验。

◎ CEO比我们更努力工作

实际上，CEO们当然要努力工作，但努力工作的人存在于各行各业。分析显示，领导者工作的努力程度和他们成为CEO的可能性之间没有任何可预测性的关系。而且，在我们的样本中，97%成绩差的CEO的职业道德分数却很高。

　◎ 对于CEO来说，更聪明即更好

　　智商高于平均水平是衡量高管层潜力的重要指标。然而，一旦进入高级管理级别，以标准化测试衡量的更高水平的智商并不会增加获聘概率或表现良好的可能性。事实上，那些"直奔主题"，用语简洁明了的CEO候选人比那些词汇复杂花哨的候选人更有可能被聘用。

　◎ 经验胜过一切

　　在我们的研究中，更令人震惊的发现是，新手CEO与有过CEO经验的人相比，也有符合甚至会超过预期的可能。

　　我们在卡普兰教授、赛仕软件公司以及来自芝加哥大学、哥本哈根商学院、剑桥大学、纽约大学、加利福尼亚大学伯克利分校和ghSMART数据库等的14位研究人员的帮助下共同揭秘了CEO基因组。但是我们还没有完成。为了实现我们工作的全部目的，我们不能只停留在对CEO的描述上。我们的目标是创建一个行之有效的、可反复实践的手册，任何人都可以从中受益。因此，我们另外花费了两年时间仔细阅读研究结果，深入挖掘客户，将双方的观点与成千上万页的文章、成绩单、研究报告、书籍中所获得的观察进行比照，以夯实我们的研究。我们重新访谈了数据样本中的几位CEO，并增加了近100个新的访谈。我们将辅导CEO的技术和实践过程记录下来。逾9000名具有各种资历的人士在我们网站www.ceogenome.com上进行了"CEO基因组行为"方面的自我评估，并当即获得了适用的建议。

　　在同时拥有了数据和实地检验的经验之后，我们相信我们已经编写了这样一本书，它可以揭示是什么成就了职业巅峰，以及哪些人可以在这个职位上获得成功。更为重要的是，我们希望这本书可以加快你的梦想旅程——无论那个梦想是什么——并帮助你在途中避免犯下痛苦的错误。

如果你渴望成为CEO：你将学会如何做好准备并增加实现目标的可能性。

如果你对事业的前途感到迷茫：你将学到事业成功的秘诀，以及从那些达到事业巅峰的人士身上学习如何发掘你的全部潜力。正如我们每个人都可以从与经验丰富的培训师一起探讨中受益一样，你会以今天那些获得成功的CEO们为榜样，并学习如何提高自己的竞争力。

如果你最近登上了CEO的职位：恭喜！并系好安全带！你会在本书中发现一个新任CEO会面临的带来惨重损失和令人心痛的陷阱。我们将提供建议以保护你免于陷入CEO职位上那些可以预见的危机，并助你加速成功的步伐。

如果你是一位有经验的CEO或董事会成员：培养下一代领导者可能是你的目标之一。本书在这方面提供了经过验证的步骤，你还会发现如何避免做出痛苦的错误选择的深刻见解。

我们的目标是结合我们20余载为众多CEO、投资者和董事会提供咨询服务的经验，以跨学科团队进行的数千小时的学习和研究为支撑，为读者提供成熟可靠、建立在实证基础上的建议。我们将向你揭示如何变得强大，如何达到巅峰，以及一旦你获得CEO的职位如何取得成果。

第一部分

充实自我：精通CEO制胜行为

哪些行为可以使人具备像CEO一样的领导力？优秀的CEO和其他人的区别在哪里？哪些技能或行为是真正具有重要意义的？我们的研究阐释了与成功相关的**四种CEO基因组行为特征：决策力、从交际中创**

造影响力、高度可靠和大胆调整。重要的是，这些都不是与生俱来的特质。这些行为和习惯是由后天的实践和经验塑造的，可以在你的职业生涯中随时得到发展。我们将在随后的四章中分别阐释和探讨每一种行为特征，帮助你获得实用的工具以增强你的竞争力。你会知道哪种行为具有双重作用，可以同时增加你的成功概率和首先获得转角办公室的机会。

第二部分
攀上巅峰：夺下梦幻工作

我们已经挖掘了数以千计的领导职业的数据来揭示潜在的成功模式。了解这些模式可以帮助任何人在事业上取得进步。我们也研究了一些让CEO更快把握先机的职业选择和经验。最后，我们会把你带到幕后，揭开董事会是如何真正决定谁来担任CEO职位，以及如何使自己增加获聘的机会。这个表面上看起来似乎是一个高度理性的过程其实充满了情感和偏见。举一个例子，一个没有口音的候选人被聘为CEO的可能性会比有口音的高12倍。无论你具有什么样的背景，我们都会帮助你事先预见，避免踩雷。

第三部分
稳健收获：从容面对职务挑战

每年有四分之一的CEO被迫离职。最高层是不容许出错的。对于新任CEO而言，最初两年可谓生死攸关。到达巅峰仅仅是第一步——我们会向你展示如何在成为领导者后取得成功以及如何避险。在那些不可避免的"高处不胜寒"的时刻，你会得到一个可以信赖的锦囊。与我们合作的大部分新手CEO都将董事会视为他们面临的最大挑战。然而有75%的有经验的CEO告诉我们，他们第一次担任CEO期间所犯的头号错误与董事会没有任何关系！这些错误在于做出了错误的任用决定，或是在组建团队方面行动过于拖沓。我们将阐述如何避免这样或那样的陷阱，对头两年的工作不要掉以轻心，在令人分心的丰厚薪酬和职位的挑战中稳住航向。这一部分的诸多见解将助你成功驾驭任何新的领导角色。

▎下一个会是你吗？

我们帮助了一些最不可能的CEO取得了成功。比如：一名护士，她成为一家声名卓著的儿童医院160年历史上的首位女性CEO；一个备受尊敬的投资公司的创始人，她在创业之初将父母的40多万美元的退休金都赔光了；一个意大利移民鞋匠的儿子，他经营着一家全球直升机公司和一家大型科技公司；一个童星兼歌手，他领导着全国收益最为稳定的银行；还有唐·斯拉格。这份名单很长。他们每个人时常感觉自己像是一个局外人或失败者。每一个人在某一个瞬间——令自己都感到惊讶——会意识到，"我可以成为一名CEO"。无数的雇员、领退休金的人、病人和家庭的生活都变得越来越好，因为尽管阻碍重重，他们都克服了阻碍并走上正轨。

我们相信，成千上万的领导者如果汲取了本书的见解，都可以成为高效能的，甚至可能会改变世界的CEO。还有更多的数以百万的人可以从那些跻身高位的领导者所经历的教训、给出的建议和实践经验中受益，从而改善自己的职业发展轨迹，充分发挥职业潜力，无论他们最终抵达何种职位。我们的个人使命就是使你掌握一个内部人士关于如何脱颖而出的观点，凭此获得充分优势。

事实是，CEO的领导需要卓越的能力，但仅凭能力是不够的。要成为一名CEO，一个人必须能够看到并相信这种可能性，从而相信这或许是一个可以实现的目标。这就是为什么从统计学上来讲，出身于专业运动员世家的人会比其他人更有可能成为职业运动员。

关键是，成为CEO不一定依赖于背景或好运。它关乎绩效，关乎我们每个人都可以通过勤勉工作、高度关注和通过本书所分享的技巧可以掌握的那些行为。我们讲述通往巅峰之路上那些真实的有关成功和失败的故事，以帮助你塑造自己的职业生涯。

即使是那些最令人印象深刻的CEO也往往不是一开始就知道他们注定要成就伟大。他们中的大部分人在职业生涯的早期都没有追求转角办公室的动力。然而，在职业旅途的某个节点，他们的脑海中瞬间闪过了"我可以做到"的想法。通常是在这种情形下他们开始"仔细并认真"地考虑成为真正的CEO。

最重要的是，我们希望这本书在引领你与"隔壁的CEO"进行亲密、私人的接触的过程中，能为你在追求事业梦想的旅程中带来"我可以做到"的那一瞬。

▎研究方法

一段时间以来我们知道人才选拔的主要内容——简历和面试——基本上是毫无价值的。自1995年以来，我们的公司ghSMART一直在帮助投资者和董事会遴选合适的高管。

在整个20世纪的大部分时间里，企业采取了一种明显不科学的招聘方式，主要依靠直觉或内心来作为他们选择的首要标准。在过去的几十年间，神经科学已经揭示了人类选择中存在偏见和不合理性，从音乐厅到棒球场，直至董事会会议室的领导者们，都在探寻能够提升招聘过程的严谨和专业性的方法。

当客户打电话向我们咨询雇用决策，或者培训CEO时，我们的第一步是创建一个"记分卡"。记分卡对角色的成功进行了明确的定义。它包括CEO必须履行的使命、业绩以及角色所需的关键领导能力（"使命"可以是带领公司成为行业领导者；"业绩"可以是将新产品的平均年利润增长率从5%增加到15%）。基于组织的特定需求以及公司在特定时间的业绩，每个公司的CEO的记分卡都是独一无二的。它通常用量化的方式明确表现出在商定的时限内对财务、战略、运营、产品和服务、人员和企业文化指标的期望。

记分卡令我们得以观察接受访谈的执行官并对其进行评估。我们的工作是确定一个候选人是否拥有领导一家特定的企业在原来的成就之上走向成功，明确支持方式并发展管理团队所需的业绩记录、技能、能力、履历和性格。

凭借记分卡，我们的高级顾问（每人在获得研究生学位后都有至少10年的职业经验）会花费大约5个小时的时间与每位候选人进行我们称之为Who Interview™的访谈。我们依据应聘者履历中的以往每一份工作向他们询问以下问题，如他们曾被聘用的岗位、最引以为傲的事情、他们所犯的关键错误以及经验教训、曾与谁合作以及为什么离职。我们从简单的问题开始，最终深入到他们的历史中，远远超越简历本身以捕获私密的往事。我们从一个原本被推选为明星的候选人身上发现，他在过去的五份工作中曾有三次是被解雇的。一个50亿美元的建设项目差点因为一个糟糕的决策而被废止；一名CFO（首席财务官）通过说服CEO和董事会出售一个获利微薄的部门从而挽救了一个企业。大多数人认为这个过程别具一格，并且发人深省——最后他们在我们鼓励下讲述了他们的全部故事。其中一些人在离开时手心冒汗。

　　完成访谈后，我们挑选并分析了数百个数据，以便根据我们创建的记分卡计算成功概率。此外，还要针对30多项能力对领导人员进行评分，如问责能力和吸引强大人才的能力。最后，我们与几位同事将我们的调查结果与过去评估的相关数据进行校准，以确保结果尽可能准确。此外，我们经常用360度反馈数据对我们的研究结果进行补充，并将董事会报告的关于获选人作为CEO的履职情况数据纳入其中。

　　经过17 000次管理评估后，我们知道谁会被录用，为什么被录用或没被录用。而且我们能够预测获聘者进入角色后的表现。这使我们将那些CEO今天的成功和他们早期职业生涯中——有时要更早——显露出的品质进行相互联系。每年我们会对另外250位CEO进行评估，并将访谈结果补充进数据中。没有其他一家公司会掌握如此多的信息，包括CEO的职责，他们是如何得到这个职位的，他们如何管理日常工作，以及他们的汗水和泪水。

第 2 章
果断决定：速度比精准更重要

在职业生涯中，我投丢了超过9000个球。输了将近300场比赛。由于队友对我的信任，我曾26次去投制胜球，可都投失了。在我的一生中，失败总是一个接着一个，但这也是我取得成功的原因。

——迈克尔·乔丹

有太多关于CEO的逸事和传奇都与我们所说的"重大决策"有关。这些时刻通常是"以公司做赌注"，一切都危在旦夕，CEO必须做出选择。如果他做出了错误的决策，公司就会垮掉，员工就会失业，有时甚至连整个公司都会倒闭。当然，CEO的生涯也会就此终结。因此面对决策，CEO要收集事实、预测未来并权衡利弊。他会与同事和董事会进行商议，努力克服自我怀疑。最后，凭借自身的经验和本能，他洞悉未来，无视反对的声音做出拯救公司的决策并推动公司业绩更上一层楼。

这些时刻的确存在。我们曾是它们的见证者。因此作为顾问，我们第一反应就是把重点放在重大决策上。我们将咨询工作着眼于CEO本身，这在很大程度上是因为他们的决策具有如此大的影响力。数以千计的家庭的生计可能命悬一线。在这样的影响力级别上，当然没有什么是比每一个决策的质量更为重要的了。然而事实证明，还有一些事情更为重要，而且越发重要。

我们深入挖掘高效能CEO的行为时，发现其显著的行为特征并非深思熟虑、思维缜密，或者任何你能想到的可能与高质量决策相关的其他特征。成功的CEO本身凭借决断力脱颖而出——能够迅速而坚定地做出决策的能力。在我们的研究中，果断的CEO拥有强大业绩表现的可能性会增加12倍以上。

果断的CEO内心会为一种独特的责任感所驱使：他们会有"这个问题交给我来处理"的意识。当我们其他人还在畏首畏尾，试图保证每个决策都不出错的时候，他们已经做出或许不是正确的决策，在漫无边际的不确定性中施展拳脚了。促成这一切的关键在于，迅速而坚定地做出决策。我们需要对决策分而治之，弄清楚哪种决策需要九分钟的权衡，哪种需要两个星期，而哪些则根本不需要投入精力。最重要的是，自觉地从每一个决策中积累经验——不论它是好的还是糟糕的。

几年前我们对CEO史蒂夫·戈尔曼（Steve Gorman）进行评估时，他曾说："一个可能糟糕的决策总好过缺少方向。"他执掌灰狗巴士公司（Greyhound Lines）时，曾凭借迅速而坚定的决断力挽救了公司。

史蒂夫在灰狗巴士公司时是他首次担任CEO。接受这份工作更多是一种权宜之计，而非梦想的驱动。由于之前一次不明智的职业选择，史蒂夫来到了北卡罗来纳州，这次经历令他心神不宁，他和家人非常渴望重新搬回达拉斯。史蒂夫接手了一家资金支持逐渐减少的公司——灰狗。经过多年的努力，这家公司的利润刚足以支付运营成本和必要的投资以实现持续盈利。其母公司莱德劳公司（Laidlaw）正逐步走出破产的危机，且债权人决定不再每年为灰狗投入1000多万美元的资金——他们认为这笔钱会打水漂。史蒂夫可谓行走在刀刃的边缘，他对此心知肚明。如果他没有完成目标，债权人已经时刻准备好关停业务。在经历了上次短暂而失败的职业生涯之后，史蒂夫需要借助新的起点东山再起。每个参与其中的人都面临着极高的风险。

史蒂夫并没有回避挑战，而是深入对灰狗的业务进行了解并确定了前进的方向。他很快明白公司当时面临的最大问题是所运营的路线中很大部分是不盈利的。公司高管就如何解决承运人路网问题各执己见。有人认为他们应该砍掉一些地区。还有人希望提高长途客运的票价。

在整整四个月的时间里，史蒂夫不断听取管理团队的汇报，他们想出的办法五花八门，越来越多。然而任何改变都似乎面临困难，并且他们总会有各种各样的理由告诉你为什么这个办法行不通。最终，他受够了。

偶然间，他在一摞数据中发现了一张美国和加拿大夜晚的卫星地图，上面显示了所有的灯光聚集的区域，这恰好可以反映出人口密度。史蒂夫凝视着那张地图，决定了灰狗的命运："我们不能在没有灯光的地方运营。"没有灯光就意味着那里没有居民。他设想重新在高收益的区域路网周围重新部署灰狗的服务线路，并将这些区域与几条长途客运路线连接起来。这是否可行？他无法确定。他所知道的是公司的资金正大量流失，员工们都把解决问题的希望寄托在他的身上。路网必须减少，并缩减至可盈利的路线范围内。

在公司未来和自己的事业岌岌可危的时刻，虽然没有十足的成功把握，史蒂夫依然快速推进并全力以赴。这个计划最终奏效了。当史蒂夫出任CEO时，这家巴士运营商在过去的两年里损失了1.4亿美元。而在他卸任的四年后，根据灰狗2007年公布的财报，该公司实现了3000万美元的收益，并在当年以比2003年价值高4倍多的价格被收购。

史蒂夫果断地向前推动——并不是因为他知道自己是正确的。他这样做是因为他明白，一个可能糟糕的决策总比没有决策好，特别是当关于路线结构的决定有必要得到修改的时候。

像史蒂夫·戈尔曼这样的CEO异于常人的地方在于他们认识到，且坚定地相信，当你需要抵达某个目标时，即使是错误的地图也比没有地图好。美敦力公司（Medtronic）前任CEO，美国波音公司（Boeing）、美国合众银行（U. S. Bancorp）和其他一些龙头企业董事会成员阿特·柯林斯（Art Collions）告诉我们："这就像是在决定如何打一场比赛。当我打橄榄球时，我是一名四分卫。你不可能总是采取正确的战术，但是孩子，一旦你决定了怎么踢，你最好让你的所有队友们通力执行。"

这里所说的成功不仅仅依赖纯粹的智力，更依赖于行动。那些智商最高的CEO往往会在"决断力"方面挣扎。他们可能会在过度分析的泥淖中越陷越深，在确定优先事项上苦思冥想。他们普遍都想做出正确的决策，但也拖累团队和股东们为这份诚挚的愿望付出了代价。

因此，如果你希望得到转角办公室，就不要为每一个决策大伤脑筋。相反，应该像戈尔曼一样，选择地图并以快速和坚定的信念奋勇前行。要变得果断。当你想增强果断的力量时，应该把重点放在三件事上：加快决策速度，减少决策次数，并在每次进行决策时都使用能提升决策质量的方法。

▎加快决策速度

在**果断力**上获得差评的高管中，有94%的人做决定的速度过慢，而不是太快。他们希望做出正确决策的愿望甚至会成为阻碍他们做出决策的绊脚石。高效能的高管可以更快地做出决策。作为CEO，在决策过程中面临的唯一挑战往往不是智力挑战，而是决策的数量和速度。我们可以看到能以极快速度做出决策的高管们有两个屡试不爽的原则，这令他们可以迅速采取行动：

1. 化繁为简

高效能CEO——那些在以往职业生涯中的任何职位上都一直保持业绩优秀的人——通过化繁为简的方式更快采取行动。他们会对所处行业和企业特定的思维模式进行拓展，并将其进行应用以便在不确定的情况下进行出击、提炼新的信息、屏蔽噪声并迅速行动。这些思维模式用于将决策集中在对于业绩影响最重要的驱动因素上。

当道格·彼得森（Doug Peterson）作为麦格劳·希尔金融公司（McGraw Hill Financial）CEO上任的第一天，他被要求对一次规模相当大的收购做出决策。公司的高管层将这个计划作为一个既定事实提出。整个团队对这个想法抱以热烈的支持，相信这是挽救低迷业务的唯一途径。

道格知道自己还不具备完全的了解——他对这个行业很陌生，而且是首次担任CEO。但他也明白自己必须快速决定。这笔交易即将进行具有约束力的投标，这是该公司脱身的最后机会。他对此前一起共过事的

CEO们有所研究，并且在他们身上发现了一种想要效仿的模式。"我注意到，成功的CEO愿意在仅掌握了80%的信息时就做出决定。他们不需要等待。这并非出于直觉，他们不是在赌博。这是在迅速听取大量观点的基础上所做出的快速判断。"他说。

他最终简化了各种观点，用具有传奇色彩的通用电气CEO杰克·韦尔奇言简意赅的著名表述作为决策的准则：我们能在这个领域数一数二吗？他有足够的信息知道这个问题的答案是"不能"。所以他的决策是避开这笔交易。当时人们感到很震惊，甚至是愤怒，但是道格毫不动摇。

通过化繁为简做出决策的方法可以使用框架提高决策的速度。这个框架可以使整个组织明白什么才是重要的，所以不仅CEO，每个人都可以做出更好的决策。你也可以确信你的团队会以你的决策方式为榜样：如果你依据清晰的决策原则迅速行动，他们也会如此。杜邦公司（DuPont）前董事长兼CEO杰克·克罗尔（Jack Krol）曾对这个观点进行清晰的阐述。杰克最早是以化学家的身份进入杜邦公司工作的，他向我们讲述了他在20世纪80年代在杜邦农产品公司所经历的转变。

当杰克晋升为高级副总裁时，企业中的大多数员工都只专注于创新。"太棒了，我们有新产品了，"他说，"但是没有人会考虑盈利和股东的利益。"于是杰克引入了一个以投资回报为中心的简单框架。投资回报成为决策的新标准：既定的计划或创新举措能否达到我们的投资回报门槛？由他负责决策的任何方案都要用这个等式进行判断。杰克回忆说："我需要分解等式中的每一部分，以便人们理解他们控制的可以为投资回报做出贡献的是哪些部分。"高级管理层开始将此称为"克罗尔等式"，并应用他所使用的框架检视自己的决策。

通过了解你所在的行业、工作中或团队中价值驱动的因素，你同样可以化繁为简。美国最大的眼镜零售商之一National Vision公司CEO里德·法斯（Reade Fahs）的目标是建立一个与其业务目标相一致的简单决策框架。里德告诉我们，"我们拟定了一个可行的公式，然后一遍又一遍地复制它。找到一个成功的公式或许很难。但一旦你找到了，就需要坚持下去"。

当他早先在英国Vision Express工作时，他认定有一套关键的方法可以提高眼镜零售业务的盈利能力，而且团队所做的每一个决定都必须围绕那些——且只能是那些——方法。"当我进入公司后，脑子里想'哦，天哪，这个地方需要做的工作太多了'。我第二天问员工：'嘿，伙计们，能告诉我上一次生意还不错是什么时候吗？'我们明确了产生变化的方面，比如店铺的激励结构、橱窗的陈列等。通过这个过程，我们打磨出了一个清晰的模型，涵盖发挥效力的方面以及我们可以关注的数千个具体领域，然后我们把这个清单归结为十二个重点领域。"接下来他们把所有的决策和行动都聚焦于这些领域，同时对店铺管理人员进行培训，每当管理者走进一家店铺时都要对这些领域进行评估：橱窗陈列是否摆放正确？奖金是否已经发放？诸如此类。

在里德的领导下，公司业务利润在不到2年的时间里实现了翻倍，销售额增长了15%。继而，他以相同的决策框架为指引继续领导National Vision公司实现了类似的转折，使这个在他接手时市值仅为500万美元的公司在10年后被美国资本巨头KKR以11亿美元收购。里德交出了连续60个季度实现同店销售增长的业绩，这在整个美国零售行业都是无可匹敌的。

2. 发言，而非投票

在真空中看待CEO的决断力是错误的——CEO孤身一人坐在象牙

塔的顶端完美掌控着一切。事实上，CEO、各级决策者们和我们其他人一样都生活在一个混乱的世界里。新的变化层出不穷，随时都在改变着既有秩序。公司内部和外部无处不在的纷繁复杂的人际网通报并影响着CEO的一举一动。高效能的决策者们会积极让其他人参与决策的过程。他们这样做基于两个原因。首先，获得各种各样的建议有助于提高决策的质量。其次，与相关的股东建立决策的责任和参与机制，从而为顺利执行铺平道路。因此当进入执行阶段，那些执行决策的人会成为捍卫者并自愿担当志愿者，而非戴着锁链做苦役的囚徒。我们将在下一章对第2点进行讨论。

　　这里我们将解决一个令人烦恼的问题：CEO如何迅速行动并同时让其他人参与其中？作为一个果断的CEO，实现员工共同参与的秘诀是：每人都有发言权，但没有投票权。最高层的CEO们认识到，在决策过程中收集建议是一门艺术。然而他们不会等待达成共识。

　　现任武田制药公司（Takeda Pharmaceutical Company Ltd.）CEO的克里斯托夫·韦伯（Christophe Weber）在这方面为我们提供了案例。当克里斯托夫担任葛兰素史克（GSK）亚太区地区总监时，他抓住时机重新制定了该分支机构的战略方向。这个想法来自一个在这个机构里没有发言权的小组：该地区每个国家中具有高潜力的中层员工。克里斯多夫将他们视为潜在的创新者，这是一个很好的直觉。当克里斯托夫派驻菲律宾时，其中一名员工提出了以一种药物打入市场的新模式，这需要葛兰素史克降低定价，同时增加市场营销力量并提高产量。这个计划经过快速研究后证明是可行的，但他们无法单独进行。采用一种新的模式需要一系列的变化和坚定的支持。克里斯托夫与团队合作制定了一项方案，但因未能达成共识而终止。"以共识作为驱动的过程可能会很缓慢并且只会推动公分母为最小的解决方案，"克里斯多夫告诉我们，"但这并不意味着你不能合作。让人们说出来并表达不同的观点，然后做出决定、互相沟通。"

费城儿童医院（CHOP）CEO玛德琳·贝尔（Madeline Bell）有一套明确的流程用于收集各种来源的信息和建议。当她从周围人那里得到建议时，她表现出了很强的包容性。这些信息有助于她的决策。但通常还有另外一个目的：帮助她以一种可以使各方达成一致的方式传达决策。在这些讨论中，她了解了人们排斥和犹豫的原因，从而为彻底解决问题建立起合理的根据。共同参与，是的，但以共识驱动？完全不是。她做出的每一个决定都是不受股东代表欢迎的。但一旦她做出决策就不会反悔，除非会出现新的重要信息。

减少决策次数

使用简单决策框架的另一个强大的益处在于一旦它被组织采用，CEO可以从繁杂的决策中抽身，而让决策者变成他的雇员，这个现象在很多优秀的CEO身上都可以见到。不论他们身处何种行业，他们都很擅长分类。当各种各样的问题和决策摆在桌面上时，他们知道哪些需要真正的权衡，哪些应由他做出决策并进行推进，还有哪些可以交给其他人处理。他们减少决策次数。

曾经在费城儿童医院发生的"凝胶还是泡沫的争论"就让玛德琳·贝尔面临这样一个时刻。在医院配备的数百台给皂器中，哪种皂液更能有效地让患者避免感染？关于这个问题的讨论热情一度高涨。尽管它看起来似乎是一个简单的决定，但手部卫生被视为医院内控制感染的最重要的因素之一。正如玛德琳所说："我正进入一个雷区，并且我很快就意识到如果我陷入平定和安抚人们的情绪里,这可能会使组织陷入困境并做出错误的决策。"公司的管理层分为了两个交战阵营:支持凝胶皂液的和支持泡沫皂液的。他们想让玛德琳来裁决。

"绝对不行,"她告诉他们,"我无法掌握问题的最新进展。"她建议他们借助指挥链的下游而不是上游去解决这个问题,"最接近日常业务的人应该是讨论者和决策者。不应由我做出决定。"

鉴于对医院感染率存在潜在影响,凝胶和泡沫之争无疑是一个重要的决策,但它应该由组织内的其他人决定。玛德琳采取了一种有益的策略:在组织中,当决策权在可以凭借自身所掌握的信息和经验做出决定的人手中时,不要介入。这是一个适用于各种层级的领导者的策略。

CEO们还会采取另一种策略以减轻决策负担,即过滤掉那些会真正伤害到企业的决策。在日常事务的压力下,任何领导者往往都很难找到时间重新审视,确定出我们在前一个章节中讨论的厘清框架。具有讽刺意味的是,领导者常常陷入被动的日常旋涡中,因为他们并没有退后一步去明确那些对决策应该产生最重要影响的"企业杀手"问题,也没有筛选出哪些问题是应该介入的,哪些是应该置身事外的。摆在CEO桌子上的问题越来越多,如果每个问题都具有相同的重要性,那么决策也是如此。这里提供一个针对超负荷的处方。

艾睿电子公司(Arrow Electronics)前CEO兼哈佛商学院讲师史蒂夫·考夫曼(Steve Kaufman)分享了他在将决策分类时会思考的三个问题:

1. **这个决策是否需要即刻做出,还是可以等一周或一个月而不会造成无法弥补的伤害?** 并非所有决策都需要立即采取行动。等待的成本是多少?这个决策对业务目标和优先事项有多重要?了解业务背后的杠杆并清楚地了解重点可以让领导者估测出每个决策的正确时间轴。

2. **等待会带来有助于决策的一些额外的见解和信息吗?** 等待有什么好处?如果等待可以获得更多的信息并大大改变具有重大影响的决策,那么它可能是值得的。但另一方面,如果不可能在三个月或六个月内获得更多的信息,那么继续分析的好处是什么?

3. **这个问题能自行解决吗?** 许多CEO告诉我们有无数的事例说明时间比他们的决策能更好地解决问题。但我们建议你在这一点上需要采取谨慎的态度。

财捷公司(Intuit)CEO布拉德·史密斯(Brad Smith)曾经写道:"在成为CEO时,我需要做的一个重大调整就是适应高度的变化。我最初并没有把握这个概念,在我担任CEO的第一年,我发现自己在决策中迷失了方向,所提出的建议更适用于执行层面的领导者。"布拉德明白了最好的CEO的做法:你的工作是对做什么进行决策,并授权他人决定怎么做。

提升决策质量

"尽管去做决定,不论是什么决定"的说法会给人以漫不经心之感。显然,如果大部分的决策都是不好的,那么CEO们就会下台了。最优秀的CEO能够迅速做出决策并坚持遵循自己的决定。并且,随着时间的推移,他们会创造出比大多数人更好的业绩纪录。他们是如何做到的呢?他们建立了一套实践方法,以便每一次都能将决策进行优化。有决断力的领导不会为了追求虚幻的完美而反复对决策进行斟酌。他们认识到完美主义是要付出代价的。相反,他们向前迈进并在前行中不断改进。以262亿美元将领英(LinkedIn)出售给微软的连环创业家里德·霍夫曼（Reid Hoffman）意识到，在初创阶段，成功往往由执行速度决定。他在硅谷创造了一个反完美主义的宣言："如果你不为产品的第一个版本感到羞愧，那就说明你出发太迟了。"

在我们对数以千计的CEO所做的执行评估和访谈中，我们询问了他们每一位曾经犯下的错误。这些准CEO的答案大致遵循了我们与IDEX公司CEO安迪·希尔福奈尔（Andy Silvernail）的早期访谈中发现的一种模式。安迪在完成了公司历史上最大规模的一次收购之后不久于2011年获得了内部晋升。一年后，这次收购面临崩坍。被收购的公司连最低的任务目标都没有达到，甚至低于其40%，而现在，作为CEO的安迪只能自食苦果。他不得不告诉董事会冲销预计将达2亿多美元。更糟糕的是，他必须降低他们（和自己）的薪酬以抵充一些损失，因此不得不说服领导层在这种情况下要顶住压力。

这是一个经典的错误决策案例。它损害了安迪在董事会的地位，并导致很多人要承受痛苦。那是非常艰难的六个月，然而，安迪谈到他的错误时，就像在叙述一次找机修工修车的状况频出的旅途，或者发生在其他人身上的灾难。他从来没有用过"失败"这个词。他冷静地剖析了事情的经过，不仅详细说明了错误本身，还仔细描述了随后出现的"余震"挑战，在这场灾难性的收购之后他是如何反应的。他主动负责，收集事实，并采取了一个有争议的立场以反思这个错误给他和他的团队所带来的经济损失。更重要的是，随着时间的流逝，他可以从这次决策的经历中走出来，总结出经验教训，并将其应用到每一个新的决策中。在接下来的四年里，公司的股东总回报连续超过了同行业。

以下是我们从安迪以及我们多年来遇到的其他CEO身上提炼出的实践方法，他们学会了将自己以往的决策作为成长和蜕变的平台。

1. 反省。让错误成为你的实验室

对这些CEO来说，避免使用"失败"这个词并不是美化自己。它反映了他们的真实态度：错误不是可怕的尴尬，而是为将来的改进提供最可靠的实验室的必经之路。赛仕软件公司的研究指出了一个不被失败概念困扰的实实在在的好处：在谈论自己的错误时，使用了"失败"一词的CEO候选人拥有强劲业绩的可能性与没有使用这一词的CEO相比会降低一半。成功的CEO们学会了对错误泰然处之，将担当视为必要的战斗创伤。有趣的是，这些CEO本能地明白我们在数据中观察到的情况，即事业的溃败并不会为成为CEO后的未来业绩带来阻碍，而是为成功做好了准备。

琼·霍夫曼（Jean Hoffman）在2016年以2亿美元的价格出售了她的公司——普尼公司（Putney, Inc.），这是一家宠物通用制药公司。她在反思了自己的经历后告诉我们："成功的关键之一是，你必须在不明的情况下做出决策，并从这些决策中吸取经验，以便每天都向更好迈进。这些错误是成功的一部分。它们不是真正的错误。"

成功的CEO们构建了一个系统以便从他们的决策中——不论好的还是坏的——吸取经验和教训。我们访谈过的一位CEO向我们展示了一个文件夹，里面记录了他所犯的每一个错误，以及他从中学到了什么。其他人告诉我们，他们会召集团队一起进行总结，根据具体的标准来衡量结果，并且在出现错误的时候，收集经验教训。在他们职业生涯的早期，在他们拥有团队之前，他们在做出关于学校、职业生涯，甚至是个人生活的决定之后，都应用了同样严谨的做法。

构建不断从失败中学习的实践可以帮助领导者更好地理解诺贝尔经济学奖获得者丹尼尔·卡内曼（Daniel Kahneman）在他的著作《快速思考和慢速思考》（*Thinking, Fast and Slow*）中所描述的两种决策模式："系统2"式思考方式——一种理性的、审慎的、慢速的做出决定的方

式；还有"系统1"式思考方式，即我们大多数人所说的直觉，基于我们的已知情况迅速而且经常是无意识地做出决定。成功的CEO们会不遗余力地进行总结分析，以确定哪些决策行之有效，哪些没有效果，用"系统2"式思考方式来"训练"他们的"系统1"式思考方式，以改善他们的"直觉"。通过经验的不断加强，直觉会变得更加可靠。

<h2 style="text-align:center">道歉的艺术</h2>

　　我们还没有见过哪一个领导没有犯过导致惨重代价的错误。当你成为一名领导时，大多数出问题的东西并非直接源于你的错误，但它们永远算作你的责任。道歉的艺术将决定你是失去信任、丧失信誉还是以更好的状态东山再起。美敦力公司前任CEO，波音公司、美国铝业公司（Alcoa）和其他一些大型企业的董事会成员阿特·柯林斯在他在任的日子里见证了很多错误。以下是他对道歉艺术的建议，无论你是想成为一名出色的CEO，还是仅仅想成为一个好的合作伙伴和朋友，它都会迅速适用：

　　◎ **个人化**。承担个人责任，而不是简单地作为所代表机构的发言人。

　　◎ **专注**。处理具体的行为或错误，以及受影响的各方，明确地表示你清楚地知道错误导致的后果。

　　◎ **真诚**。用诚恳的言辞和语气表达自责，以及表示愿意弥补所犯的错误和由此产生的任何损害。

　　◎ **不找借口**。避免转嫁责任，尽量减少伤害或粉饰糟糕的情况。

　　◎ **迅速行动**。道歉越早，受到伤害的人就能更好地接受道歉。

　　◎ **综合全面**。掌握所有的事实，承认所有已知的缺点，并明确表述尚待决定的内容。

◎ **避免重蹈覆辙**。清晰表述一个用于纠偏的行动计划，并确保同样的问题不会再次发生。

2. 内省。让思维适应决断力

我们发现，与所做决策保持情感距离往往会提高CEO从错误中学习的能力。那么，如何创造所需的情感距离来塑造具有决断力的肌肉呢？太多的领导者没有意识到他们的身体状态（无论他们是精力充沛、疲惫还是摄入过量咖啡）会影响他们的情感状态，继而影响他们做决策时的执行能力。高效率的CEO们意识到，在身体或情绪的压力下，或处于疲劳的状态时，他们容易对与制定决策有关的自然的行为偏见采取默认的态度。他们意识到这种自然缺陷，因此会调用习惯、人员和流程以帮助自己，即便在最为难熬的时期也是如此。即使是那些最为高效的决策制定者也会在精神和情感资源耗竭时陷入相反的极端境地。他们会变得在分析上过分挑剔，被琐事拖入困惑的处境，或者发现自己没有充分发掘相反的观点就过快地采取行动。正如乔治·S.巴顿（George S. Patton）将军所说："疲劳使我们所有人都成为懦夫。"一个在工作中没有注意身体和情感状态的领导就像一个穿着错误尺码鞋子进入赛场的运动员。

作为大学理事会（College Board）主席的大卫·科尔曼（David Coleman）领导该组织经历了重新审视的艰难时期。美国学术能力评估测验（SAT）是大学入学时使用的基础评估，新的证据表明这个评估被广泛认为有利于更富裕的学生，因此他对评估进行了重新设计。他告诉我们，作为新任CEO，他的最大发现是保证充分休息的重要性——他发现这是自己具有决断力的关键。"我必须得到完全、充分的休息才能做最好的自己。"他对我们说，"我越是筋疲力尽，就越是容易受到轻微情绪波动的影响。身体的平衡和健康让我能够保持稳定和强壮。"

3. 展望未来

一些领导者会运用另一种参照框架来优化他们的决策：进入时间机器。他们高瞻远瞩，对他们畅想的未来深思熟虑，并回过头来分析思考他们需要做出的决策以实现自己的目标。与我们合作过的最为刚毅的决策者并非财富500强企业的CEO，而是杰弗瑞芭蕾舞团的艺术总监阿什利·威特（Ashley Wheater），他也是这个舞团自1956年成立以来的第三位掌门人。舞团自创立伊始就被创始人罗伯特·杰弗瑞（Robert Joffrey）打造成为一个富于创新的芭蕾舞团，或许也是第一个真正的美国舞蹈团体。杰弗瑞于1988年去世，此时的舞团已经丢失了原本标新立异的精神。阿什利没有让杰弗瑞舞团过去的荣耀蒙住自己的双眼，他清楚地知道舞团现在和将来的需求。他要在自己的任期内带领杰弗瑞舞团重新跻身于美国顶尖舞团的版图中。阿什利担任艺术总监时，当时的机构，用他自己的话说，不论在资金和作品质量方面都处于"岌岌可危的状态"。杰弗瑞舞团在"创造"上停滞不前，观众日益减少，财政捉襟见肘。阿什利明白杰弗瑞舞团应当回归初创时的愿景，并在此基础上开拓进取。杰弗瑞舞团一直以勇于冒险、发掘新星著称，它赞扬时代精神，和这个国度一样，舞团一直秉承多样性。杰弗瑞舞团需要成为兼容并蓄的标杆，彰显出艺术使生命升华的价值。它不应该成为精英主义或高高在上的奢侈品。阿什利重塑了杰弗瑞舞团的品牌，打破古典芭蕾舞作为精英艺术形式的标签。"我们不是路易威登，"他对我们说，"我们应该属于每个人。"

为了掉转航向，阿什利必须做出不受机构或媒体欢迎的选择。但他从未退缩。今天，他把他的毅然决然归功于两种行为。首先，他以清晰的头脑制定每一个决策。其次，每当批评的声音令他心绪不宁时，他就提醒自己，那些人关注的仅仅是当下而非未来。他相信时间会证明一切。"在最初两年里对我确实感到很生气的人现在都理解了我们的规划，"他对我们说，"时间是最伟大的评判者（当然，在你做出了正确决策的时候尤为如此）。"

阿什利采用具有前瞻性的观点坚持到底，这让我们想起了奇普·希思（Chip Heath）和丹·希思（Dan Heath）在其《具有决断力：如何在生活和工作中做出更好的选择》（*Decisive: How to Make Better Choices in Life and Work*）一书中讲述的"10/10/10技巧"。他们写道："试想一下，在10分钟、10个月和10年后你会怎么看待当初所做的一个决定。"从当下跳脱出去，与手头上迫切需要制定的决策保持一段距离可以帮助你更为理性地做出决策。

4. 环顾四周。寻求逆向的观点

我们之前提到的美国费城儿童医院关于"凝胶还是泡沫"的重要激辩揭示了另外一个事实：CEO在授权或者在为决策寻求意见时经常需要依赖其他人的答案。他们需要做出的许多，甚至是大部分的决定都要借助自己专业知识以外的力量。最优秀的CEO们非常清楚要向哪些人求援。他们很早就认识到，并不是所有观点的产生方式都是平等的。顾问或部门总监是从什么角度看待问题的？哪些个人偏见会影响他们的观点？他们有日程表吗？他们能够超越惯有的方法来思考吗？

即便一个领导者确实拥有了必要的经验，他自身的参与也会产生自然的偏见。杜克大学心理和行为经济学教授丹·艾里利（Dan Ariely）曾进行了一个饶有趣味的实验，揭示了创作者的偏见。他向参与者们提供纸张和说明用以制作折纸。完成后，折纸被出售给两个组——折纸创作者和观察者，后者被带进屋里欣赏折纸成品。结果也许并非出人意料，创作者们愿意支付五倍于观察者的价钱购买折纸。无论承认与否，当人们做出决定时本身就是带有偏见的。

精明的决策者在仔细甄别资源的同时会寻求帮助以对抗自己的偏见。我们在"果断力"一项获得高分的CEO身上发现了一些共同点。这些CEO往往依赖于我们所说的"多重外部视角"（MOP）。金（Kim）曾与亚特兰大伍德拉夫艺术中心（The Woodruff Arts Center in Atlanta）的总裁兼CEO道格·希普曼（Doug Shipman）密切合作，道格惯于用有悖常理的决策改变游戏，而这些决策总是正确的，他也借此赢得了名声。他告诉金，大部分"讲真话的人"不仅是在公司之外，而且是在行业之外。

道格告诉我们"多重外部视角"为他提供建议的三种方式，而这些是他的雇员无法做到的。第一种，因为对方是局外人，他必须用简单明了的语言让对方了解自己手头面临的问题。有时候，仅仅这个过程就向他揭示了一个新的答案或者让他发现了逻辑上的一个缺陷。第二种，尽管是局外人，但他们经常会用自己的信息或观点帮助他洞察眼前的问题。第三种，由于这些局外人和他是私交，他们是"软性"建议的极好来源。他们会问出大多数同事永远不敢问的问题，比如："这个方向和你的价值观一致吗？"

ghSMART的主席兼创始人杰夫·斯马特向我们介绍了一种名为3D-ing的决策过程，在公司高管层出现当局者迷的情况下，他使用这个过程确保为公司提供多样化的建议和观点。3D分别代表讨论（Discuss）、辩论（Debate）和决定（Decide）。假设你要做出一个聘用决定，不论出于什么原因，都会事先产生一个简单而直接的共识。但是这可能是基于团体思考做出的，所以你要借助3D-ing决策过程。首先，小组讨论：介绍信息和案例，每个人都可以提出问题来充分了解信息。然后进行辩论：指定一个人作为应聘者的支持者，他必须向在场的每一个人介绍应聘者的优势；指定另一个人扮演恶魔的辩护者，论证相反的观点，并列举不应雇用该应聘者的原因。委员会一旦听取了双方的意见后就要做出决定。

这个过程可以帮助管理者获得新的观点。但是也有一个重要的次生效应。一旦每个阶段完成后，承诺会不断升级。高管们永远不会回过头重新审视。这使他们无法对已经决定的事情提出质疑。团队决绝地、果断地前进。

做出一个决策只是解决了一半的问题。你必须使整个组织遵照这个决定采取行动，否则就谈不上是什么决策。那么，如何创建清晰的路线图、鼓舞士气和激发动力以便让其他人参与到执行过程中呢？当风投公司安德森·霍洛维茨基金（Andreessen Horowitz）对CEO进行评估时，他们考虑的主要问题之一是这个CEO能否让全公司执行他所认为正确的事。理解这一点不仅对CEO，甚至对所有级别的领导者而言都是至关重要的。

每位CEO和领导者都有自己独特的方式迫使他人采取行动。他们技巧娴熟，不仅可以传达"是什么"，还有"为什么"。作为一名经验丰富的资深CEO，比尔·阿梅利奥（Bill Amelio）是我们所知的在激励团队执行方面最为擅长的人之一。当我们问及他所采取的方式时，他说："领导者需要能够非常清晰地描绘你所处的现实，以及未来在哪些方面会比今天更好。如果你可以用一种具有说服力的方式做到这一点，很快就可以做到一呼百应。"

决断力与你和他人之间以结果为驱动的互动能力是密不可分的。我们下一章将重点讨论作为一名领导者如何出色地做到这一点。

关 键 要 点

1. 加快决策速度。

2. 减少决策次数。

3. 复盘。从过去的决策中学习，总结经验教训。

4. 内省。确保良好的身心状态以制定清醒的决策。

5. 前瞻。与手头要做的决策保持距离。有意识地跳出当下，从"未来"的视角审度当前的决策。

6. 环顾四周。确保信息的多样性和可靠性，努力消除偏见。

7. 当形势变得糟糕，承担起全部责任并从错误中吸取经验教训。

第 3 章
从交际中创造影响力：协调利益相关者，获得想要的成果

如果没有乐团，何谈指挥。

——古斯塔沃·杜达梅尔（洛杉矶爱乐乐团音乐总监）

　　在最佳状态下，领导者们有能力建构一个更美好的崭新蓝图。但是，这个新蓝图得以实现的唯一途径是靠领导者在其周围人的帮助下一起做一些与众不同的，往往看起来不可能实现的事情。对CEO而言尤其如此。尽管CEO们拥有能力和权力，但他们几乎完全要依靠别人的行动才能实现成功的目标。赢得比赛靠的是相互依赖——而非独立。赛仕软件对我们所做的评估分析从统计学上证明了这一点：在每三位高度独立的CEO中有两位的表现可能会低于预期。

　　CEO总是要成为各种关系和影响力的掌控者。今天他们面临的挑战尤为艰巨，所要承担的风险比以往任何时候都要高。CEO要应付各种各样的利益相关者，后者的利益不断变化且往往互相冲突：客户的需求

和品位瞬息万变；千禧一代的员工希望获得前所未有的自主权、透明度和经常性的肯定；股东想要谋求长期强劲的增长轨迹，却不愿牺牲眼前的收益和股息；媒体渴求特大新闻；退休员工希望拥有福利方面的话语权……这份名单很长，不一而足。CEO的一天可能从清晨6点钟打给亚洲投资者的电话开始，以前往艾奥瓦州的一个农场拜访客户结束。他们没有犯错的余地，因为对今天任何一个CEO而言，一则推特消息或负面新闻报道就足以让他身败名裂。

你可能会觉得，应对这些令人头晕目眩、形色各异的人和往往相互冲突的日程必须具备马拉松运动员一般的毅力和"好好先生"的亲和力。虽然毅力总是一种资本，但与之相比，亲和力更耐人寻味。根据卡普兰和瑟伦森教授对ghSMART数据库中的2600份高管人员测评报告的分析，其结论清晰地表明"具有亲和力"的管理者被聘用的可能性的确更高。然而，在成为CEO后的绩效方面，只具备亲和力则会导致业绩欠佳。那些以结果为导向与他人建立联系的CEO比那些只是在人际交往能力方面表现出色，或者是讨人喜欢的CEO获得成功的概率要高出75%。

与此同时，剑桥大学苏切塔·纳德卡尔尼（Sucheta Nadkarni）教授及其合作者分析了195家印度公司在业务流程外包行业的CEO的特征和业绩。纳德卡尔尼发现在CEO的"宜人性"（"受欢迎的"或"友善的"在心理学上的表述）与经营业绩之间存在钟形曲线关系。在某种程度上，与他人能愉快相处的能力会转化为更好的业绩。但一旦过了钟形曲线顶端的"甜蜜点"，太容易相处（过于友善）会因为CEO担心破坏计划而迟迟无法做出艰难的决策适得其反。

卡普兰和纳德卡尔尼的研究从分析上再一次印证了我们以往观察到的结果。成功的CEO与其他人交际是为了产生影响而非为了营造亲密关系。他们既能深切了解利益相关者的首要目标，也能在实现经营业绩方面孜孜以求，在两者之间达到了平衡。他们深刻懂得他人的需要，但不会受到诱惑去迎合对方。他们意识到一个艰难的决定可能会给他人强加某种不舒服甚至是痛苦的感觉，但是他们最终会将商业的需求置于自己和他人的需求之上。相比之下，那些为了营造亲密关系而与他人建立联系的CEO则希望获得他人的好感，在这种驱动下他们关注的则是是否给他人造成了不舒服的感觉。综合纳德卡尔尼的分析和我们的经验，"过于友善"和"不够友善"这两个极端会导致令人失望的业绩，并让CEO丢掉饭碗。那么，成功的CEO如何到达钟形曲线顶端的甜蜜点呢？

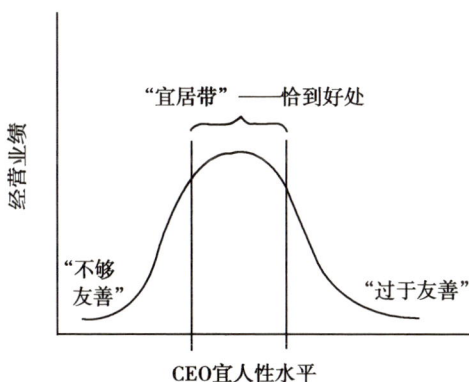

友善钟形曲线图

过于"友善"可能会让你被解雇

　　CEO加里（Gary）因自己是一名建立共识的领导者而引以为傲。他深切关心员工，渴望取悦他们。当他在几年前被第一次聘用为CEO时，董事会对加里的价值观和值得信赖的举止感到印象深刻。但是，加里渴望成为一名"好人"的愿望导致优先事项的清单不断增加，而没有任何战略重点。如果营销总监提议瞄准一个新的客户群，加里会表示同意——即使他以前决定将核心客户作为重点目标群体。如果房地产总监鼓动在欧洲租赁新的设施，他也会表示赞同——尽管欧洲并非首要市场。加里试图取悦所有人的做法造成了整个团队出现了机能障碍。互相冲突的优先事项和倡议引发了领导层之间的摩擦。避免冲突的本意导致了私下的拉帮结派和对于平庸的容忍。在团队涣散的时候，竞争对手趁机获利，公司的计划没有完成。不久之后，董事会做出了撤换CEO的决定。

对"过于友善"的曲解会成为领导者的一个致命问题。它会损害关键业绩驱动中的三重要素：对优先事项的管理、挑选合适的人才以及建立正确的关系。

友善的领导人对"不"的难以启齿会令优先事项不断增加和发生变化，并导致业绩欠佳和发展缓慢。任何时候只要有人提出一个关注的问题，先前做出的决定便会不断被重新审视，从而使团队陷入瘫痪。为了避免让任何一方成为"失败者"，这些CEO谨小慎微，但也没有让任何一方成为赢家。

此外，"友善的"CEO允许低水平的人留在组织中，这会对员工士气和业绩造成巨大的拖累。虽然该组织口头上支持升级人才队伍，但无法做出最艰难的人事决策，从而让优秀的员工感到灰心丧气。

规避冲突是"友善的"CEO的标志之一，他们将"合作"误解为"零摩擦"。他们的团队会议相当于团体拥抱，而非深入讨论实际问题。这种轻信会被解读为缺乏诚意，并且随着时间的推移，会导致对彼此信任的丧失，并使组织沉迷于群体思维。

　　从交际中创造影响力的CEO如同杰出的乐团指挥。乐团中唯一一个不直接创作音乐的成员，即指挥，像CEO一样，是完全依靠别人来实现成果的。为了更好地了解杰出的乐团指挥和杰出的领导者之间的相似之处，我们以亚特兰大交响乐团（Atlanta Symphony Orchestra）著名指挥和音乐总监罗伯特·斯帕诺（Robert Spano）为例。斯帕诺拥有高深的艺术造诣，此外，令他声名远播的还有其特色鲜明的沟通能力，这使得他在乐手和观众之间创造了一种有别于其他美国管弦乐团的独一无二的一致性、包容性和温情。斯帕诺认为："指挥的目的是为音乐设定愿景，引导乐团成员接纳这个愿景，并为团队注入生命力以演绎这个愿景。一位伟大的指挥家应该经常倾听演奏者以便能够深入了解他们：他们的想法，他们的关切点，什么让他们感到激励，又是什么让他们失望。指挥家所做的这一切只有一个目的，就是服务于音乐的愿景。"

　　即使是指挥与观众的关系也是具有启发性的。指挥背对观众而立——似乎唯有他才是艺术的最终仲裁者——他不因当下的反应而分心，而是全神贯注于完成音乐愿景。这也是沃伦·巴菲特（Warren Buffett）主张不应要求上市公司向华尔街分析师提供季度收益指引的原因：以避免受到市场短期反应的诱惑。杰出的指挥家和杰出的领导者都一样，他们在引领，而非迎合。

　　商业信息服务公司CEB的CEO汤姆·莫纳汉（Tom Monahan）敏锐地察觉到需要巧妙地跨越多个相互冲突的利益相关者进行"指挥"。"作为一名CEO，我一直努力了解所有利益相关者——客户、员工、董事会、股东等的需求……并让他们所有人保持一种'建设性不满'，以便我们能够推动业务向前发展，并向所有人兑现成果。如果你总是让所有利益相关者群体都感到完全满足，你很快便会破产。在极端情况下，每个群体都需要给公司施加真正的压力。客户希望一切产品价廉物美，员工希望减少工作量并提高薪水，股东希望得到最大的回馈和增益……这些压力时常同时出现，永无休止。所以你需要让所有人都处于一种建设性不满的状态，在这种情况下他们虽然没有得到想要的全部，但也得到足够多并愿意对公司继续提供支持，这样你才可以发展业务并进行创新，并为所有人兑现承诺。"汤姆从根本上主张背对观众引领公司。

徜徉于世界上最为杰出的指挥家的万神殿可以为我们揭示这些大师色彩斑斓的风格、个性和理念。然而，这些形色各异的指挥家在肢体语言和行为做派方面也有着共同之处。同样，在为了创造影响力而交际的那些CEO身上也表现出一些共同的原则：

◎ 他们依意向领导。这些CEO将愿景、目标和对环境敏锐的感知解读为整个业务的商业意图，并融入他们所参与的每一个互动中。

◎ 他们理解利益相关者。他们清晰地了解影响意向实现的众多利益相关者的独特需求——情感、财务、生理或其他方面。

◎ 他们建立例行程序寻求参与者对于自己意向的支持。

他们如何做到这一点，以及如何在你自己的职业生涯中建立联系施加影响力将是本章的重点。我们会告诉你我们所发现的最重要的"指挥"实践，以帮助你像CEO一样从交际中创造影响力，无论你现在处于职业生涯的哪个阶段。

▌依意向领导

对许多得到转角办公室的人而言，制定战略轻而易举。更困难的挑战是坚持不懈、夜以继日地以不同的方式、为不同的观众解读这个策略，以便所有参与者在每一次互动中能清楚地理解自己需要做什么，以及这么做的重要性。优秀的CEO制定清晰的愿景，杰出的CEO可以获得从管理者到最大客户对愿景的支持，并能清楚说出为什么这些个体身上的每一个最微小的细节都对成功具有关键的意义。他们成功的秘诀是什么？他们在每一次互动中都依意向领导。依意向领导需要领导者能明确表达出自己的意图，始终如一地使自己的日常行为与自己的意图相一致，并在深入了解观众和环境的基础上，在每次互动中按照意图行事。

亮出一张"待办事项"的清单并据此执行任务不会让人产生任何激动人心的感觉。人们想知道你将带领他们前往何处，以及为什么是那个方向，特别是当你要求他们做一些艰巨的或与以往不同的事情的时候。他们弄明白原因后，便可以即兴发挥，根据需要偏离原先的计划来实现你的初衷。当你自己的日常行为，甚至小的习惯都与你的意图一致时，他们就会对你的意图采取信任和支持的态度。

我们经常发现，如果领导者都无法明确表达自己的意图，那么向其他人传递自己的意图将变得尤为困难。我们最近对一位CEO（我们称他为尼克）进行了辅导，他痛苦地意识到自己需要更多地将工作委派给他人。作为一位出色的投资者，这位CEO因其商业洞察力、分析能力和交易直觉而备受称赞。自从他创立公司以来，他在任何重要会议上自然而然地扮演了"首席小提琴手"的角色。

直到19世纪以前，管弦乐团都是由首席小提琴手带领的。其他乐手都是从他们那里得到暗示。这种方式起初是奏效的，但没能继续发展下去。随着管弦乐团的规模越来越庞大，信号从管弦乐团前部传到后部要花费过长的时间。小提琴和定音鼓之间演奏的滞后性变得明显。因此职业指挥家的时代来临了。

尼克可没有几个世纪的时间来完成转变。他想要前进得更迅速一些。他的公司获得了很大的成功，发展非常迅速，这需要他从一名乐手变成一个指挥。但是说起来容易做起来难。"我真的很沮丧，"尼克告诉我们，"我觉得依然是由我主持投资会议。没有人迎头上前替我分担。我们的人很聪明，但他们太依赖我了。"

"那么，如果你想要别人起到引领作用，你为什么还要参加会议呢？"我们问他。这位通常说话不带喘气的CEO，停顿了几秒后才开始回答。在此之前，他从没有考虑到这个简单的意向问题。

"我参会是因为这样我可以聆听并指导他们成为公司资金的好管家。我主要是记笔记，偶尔提问，但他们还是求助于我来领导。"他答道。

对此我们指出："如果你自己都不清楚你为什么参会，他们可能也搞不清楚。你是他们的老板，他们已经习惯了由你发动讨论，所以他们很自然地求助于你。你需要传达出你的意向。"

通过在会议开始时花几分钟的时间表达清楚意向后，尼克就让这些会议的效果发生了改变。一旦他自己弄清楚为什么参会后，他发现很容易把这个意向传达给别人。一旦他的团队明白了他的意向，他们就有胆量挺身向前了。尼克和他的团队并没有一夜之间改变旧习，但是他们清晰一致的意向成为实现转变的关键，这使他们摆脱了令人沮丧的僵持状态，逐渐变得更为积极。

如果第一个挑战是明确表达意向，那么更大的考验就是领导者承诺将这个意向贯彻到每一个行动、决策和互动中去，且不因事小而不为。无论是指挥家还是领导，行动都胜过千言万语。如果指挥的肢体动作与他在彩排时表达的音乐愿景不同步，就会出现杂音和混乱。

领导者（确实还包括我们所有人）都在意向的两个层面上开展工作：抱负性的意向和事务性的意向。抱负性的意向源于如下问题的答案中：最重要的一件事情是什么？当这家公司获得成功时，其他人会如何评价？事务性意向是我们基于特定情况设立的根本目标。在尼克的例子中，他的抱负性意向是培养下一代投资者以确保公司获得持续成功。然而，在投资委员会会议上，他却陷入了自己在推动形成单笔交易的正确投资决策过程中旧有的、惯常的事务性意向中。他的事务性意向与他更广阔的抱负性意向是错位的，从而造成了挫折沮丧和毫无成效。在我们身边就能看到抱负性意向和事务性意向错位而导致的惨重代价，有时甚至是悲剧性的事件。

2017年4月9日，一个星期天的傍晚，陶大卫医生从芝加哥奥黑尔国际机场搭乘联合航空公司的3411航班返回到位于肯塔基州路易斯维尔的住处。这趟航班延误了2小时而且已经超售——这给人带来不便，却也是司空见惯。然而接下来发生的事情登上了世界各地新闻的头版头条。正如《纽约时报》所报道的："用手机拍摄的令人不安的影像……要比乘坐超售航班的旅客的典型噩梦更令人惊心动魄。一名身份不明的男乘客（陶）因为身体受到碰撞而挣扎尖叫。此前他因拒绝放弃自己的座位而被机场安保从座位上强行拉下，并在过道上暴力拖拽。他的眼镜从脸上滑落，上衣被扯开露出了腹部，身着制服的安保人员紧随其后。"

这个事件导致这位来自肯塔基州的医生遭受脑震荡，鼻梁骨折，并有两颗牙齿脱落。联合航空公司的股票在周二早上下跌了4%到6%，亏损高达14亿美元。公司CEO奥斯卡·穆诺兹（Oscar Munoz）蒙受了巨大的声誉危机，失去了成为董事长的机会。穆诺兹在众议院运输委员会的听证会上总结道："我们的政策与我们的价值观不相符。"在这位

CEO向公众道歉之后，航空公司与陶达成了和解。

这是事务性意向严重违背抱负性意向而导致的一起令人心痛的事例。美联航空勤人员是迫于事务性压力给机场安保人员打电话，目的是避免发生代价高昂的更长时间的延误——她需要让飞机起飞前往路易斯维尔。安保人员在事务性压力下采取了行动阻止机组人员所报告的冲突。而穆诺兹［讽刺的是他在几周前刚刚被《公关周刊》（PRWeek）评为年度最佳沟通者］同样是在事务性压力下行事，以保护他的员工并挽回面子。麻烦的是，所发生的一切都违背了企业网站上所宣称的"团结客户承诺"的抱负性意向："我们致力于为客户提供一流的服务，从而使我们成为航空业的领导者。我们明白，要做到这一点需要有令我们感到自豪的产品和每天怀有愉快心情工作的员工。我们的目标是让每次航行都变成客户的一次积极体验。"

虽然美联航的惨败代表着一个极端的事例，但是抱负性和事务性意图之间如果产生错位总是会付出昂贵的代价。这种代价可能不会立即显现，但是随着时间的推移，它会对领导者的效率，并最终对他的公信力产生腐蚀性。当抱负性和事务性意向相互违背时，领导者看起来会像具有操纵性，以牺牲其他人为代价推进其个人的议程，而这种人根本不值得追随。与此相反，那些懂得使抱负性和事务性意向相互一致，并在此基础上采取行动的领导者能更好地得到他人的支持。也许这就是为什么我们的数据显示，最有实力的说服者在与他人建立联系时并不会牺牲对他人的尊重。事实上，他们与业绩不佳的CEO相比，在待人接物上更可能表现出对他人的尊重。

最后，为了有效地将意向转化为行动，在每次互相沟通之前你要问自己以下问题：我最重要的一个目标是什么（你的抱负性意向）？这次沟通如何与目标相吻合？沟通的结果如何才能最好地有助于最重要目标的实现？我想让这个人或这个团队思考、感悟并做到什么（你的事务性意向）？要实现这一结果需要做什么？在每一次重要的沟通之前，最好的CEO都会习惯性地提出这些问题。那些做得好的人会发现，这对于如何与他人交际会产生显著的、有时甚至是令人惊讶的效果。

我们最近正在帮助一位新任CEO召开他与扩大后的领导团队进行的第一次大型会议做准备。我们邀请他探讨房间里的每个人和职能范围，然后问道："你想让他们每个人在步出会议室后思考、感悟和采取什么行动呢？"例如，在介绍一种新的销售解决方案过程中衍生出的销售职能（而非离散产品）。由于最近在重要的客户交易中出现了失误，我们与这位CEO达成一致意见，即步出会议室后，对销售领导的意向应该是：

◎ 思考：最近失败的交易是相当大且严重的失误，并非仅仅是业务过程中的正常情况，且释放了一个需要关注的信号。

◎ 感悟：对这些失误承担责任，并自发采取新的方式尝试达成交易，因为他们的奖金与完成的指标相挂钩。

◎ 行动：主动让服务部门的领导提早介入未来的大宗交易，以便在见到客户前就考虑好服务方案，而不只是提供产品——这是面对竞争时失利的关键原因。

在获得清晰明确的意向后，这位CEO调整了自己所要传递的信息以实现这些目标。正如我们所听到的几位CEO所说："出售人才，而不是概念。"说服技巧的娴熟与否一向是区别CEO成功与否的分水岭。这些CEO对自己的意图了如指掌。他们积极主动地影响周围的利益相关者。为此，他们培养自己对利益相关者的深刻洞察力。

▍了解利益相关者

一旦你清楚了自己的意向，你就需要了解你的利益相关者，以便依照自己的决策将他们集结起来。如果重新用指挥家做比喻，即不论是双簧管演奏者还是小提琴手，你都能恰到好处地向他们解读乐谱。

在与庞大的利益相关者交际方面，尼尔·费斯克（Neil Fiske）堪称一个大师。2003年至2007年在沐浴保养公司Bath & Body Works首次担任CEO期间，他在没有开设任何新店的情况下扭转了连续26个月的可比店面负增长率，令销售额从18亿美元增长到25亿美元。2013年，当他入主比拉邦公司（Billabong）时，这家澳大利亚冲浪运动服饰制造商刚刚公布了8.6亿美元的亏损，比前一年增加了3倍。两年后，在尼尔的领导下，比拉邦公司自2001年以来首次实现全年盈利。

你或许会认为尼尔是一个职业打手，一个只关心账本上数字的人。但事实并非如此。他所取得的成就与其精心磨炼出的能力密不可分，那就是倾听其他人——客户、老板和员工——所需要的东西，并使他们通力为愿景服务。

尼尔将成功归结于自己是一名优秀的倾听者和"解读者"。"我记得和尼尔一起工作时发生的一个故事，"金说，"当时我们正负责一个专业女装公司的焦点小组。在一个房间里有十几个20多岁的女性。在另一个房间里，尼尔、我和（营销）管理团队坐在一个单向镜后面。一些人想回避那次谈话，说：'这不适合我。我不打算坐在这里了解女性对于自己衣服的看法。'但是尼尔仍旧全神贯注地去了解在女性眼中真正的不同是什么。他尽全力聆听、观察这些消费者，从她们的话语中提炼出让她们真正感觉不错的东西，然后立刻用她们的语言通过主持人将这些观点反馈给她们。最重要的是，他能够将这些消费者的语言转换为他需要传递给营销高管们的语言，然后再重新向这些女人提出问题，并且在整个转换过程中极其流利。"尼尔不知道女性认为怎样的穿着才是性感——他无法对此有所了解。所以他没有妄加揣测。相反，他成了一名侦探。他密切观察着这些女人的言谈举止。他从各个角度提出问题，深入细致地探讨这个话题，试图进入这些女人的大脑和思想，他没有依赖于移情，或试图从情感上沟通。他机智地沉浸到聆听中并收集信息，以理解并掌握对这些女人而言重要的事物。事实胜于雄辩。尼尔通过自己的努力为这家专业女装公司带来了10亿美元的营业额，这个具有里程碑式的业绩在该公司历史上是史无前例的。

不论是想要洞悉女性身着特定服装时会有何种感受的男性领导，抑或是试图了解为什么重要股东对新的收入确认法心怀不满的CEO，当你的职位越来越高，你所要面对的利益相关者的群体也会越来越复杂，而他们许多人的需求和感受都是有别于你自身的。

在我们的样本中，为创造影响力而交际的CEO专注于准确理解他们的利益相关者是谁，以及他们想要什么。对他人观点的成功理解依赖于询问和倾听，而非想象。芝加哥商学院教授尼古拉斯·埃普利（Nicholas Epley）将这种更精确的方式称为"观点获取"。埃普利指出，积极尝试让自己做出设身处地的假想并不能保证可以做出正确的想象。如果你遇到过一个临床态度好到令人难以置信的医生，那么你就能明白这个观点的意思了。一个杰出的医生不会瞥了你一眼就告诉你病灶所在。他（或她）会温柔地询问你——不仅仅是你的症状，还可能有你的情绪。当他坐在你身旁时，你会想："这个医生真不错，可以信赖。"在你放松的状态下，你会向他毫无隐瞒地说出一切。所以，你不仅对他的诊断更有信心，更可能觉得它是正确无误的。并不是所有人都具备与众多不同的利益相关者进行沟通的天赋。如同埃普利指出的，我们在认为自己有能力读取他人想法，如别人的所思所感和想做的事情上，过度自信了。更进一步说，我们很难感知他人的感觉。幸运的是，对我们所有人来说有一个好消息，那便是观点获取是可以学习，并通过实践得以应用的。

我们曾与一位名字叫作德文（Devon）的CEO合作，他是一位具有超凡魅力的领导者，并公开承认自己一直与移情方面的困难进行抗争。然而，他是观点获取的专家。他会在会议前尽一切可能详尽了解关于某人的一切，并在会议室里专心致志地聆听。他通过主动聆听和模式识别觉察出细微的线索。在为与一位潜在客户举行的近期会议做准备时，他评价道："你知道吗？我认为这个人给人的感觉很聪明，而且厌恶风险。如果我们想让他接受我们成为他的供货商，就需要让他认为这是一个低风险的举措。"随后，在开会的时候德文不经意地说道："这个行业的一个领军企业曾经和众多供货商合作，而非只找一家零件供应商。这个做法被证明是一个聪明的策略——很多竞争对手都遇到了货物短缺的困境，他们却从中获利。"话音刚落，你可以想见这位顾客的眼睛一亮，内心觉察到或许保持供货商的多元化是最为谨慎的策略。德文通过洞察和分析弥补了在移情方面的缺陷，这帮助他了解自己的受众并与之建立联系。

性格内向的人往往在观点获取方面拥有天赋。他们本身善于倾听而不是高谈阔论，他们会有意识地处理人际互动并为之做准备。这可能印证了这样一个事实，即在我们的数据集中，自我描述为内向型的人比外向型的人做出超越预期表现的可能性要更大一些。弗雷德·哈桑（Fred Hassan）就是一个表现远超预期的内向型CEO。他是一位具有传奇色彩的CEO兼交易商，管理过法玛西亚（Pharmacia）、先灵葆雅（Schering-Plough）（在他任职期间该公司股票上涨了62%，同业者则下降了21%）和博士伦（Bausch & Lomb）。"最早的时候你在我身上可能看不到这一点。从小到大我一直很害羞。大多数人会说'他是个好人，但在人群中不是性格最活泼的'。我不会说我早期就是天生的领导者，但我一直对别人有真正的兴趣。我想尽我所能帮助他们，这让我得到很多享受和乐趣。我不关注——我更注重的是了解别人。"

观点获取需要追本溯源，发掘人们的想法和感受，无论对方是董事会成员、客户还是员工。财捷公司的创始人斯科特·库克（Scott Cook）借助观点获取的力量建立了一个价值逾50亿美元的业务。财捷公司团队经常花一天的时间观察客户的工作，亲自了解他们遇到的问题和难处。"在2002年，我观察了我们制造的每一款新产品，试图了解其成功与失败的原因，发现产品成功与否涉及两方面。第一个方面，它是否有非常重要的，未解决的棘手的客户问题？第二个方面，我们是否比其他人更好地解决了这个问题？一般而言，如果这两个方面得到妥善的解决，我们的业务就会取得成功。企业的存在是为了改善人们的生活。我们的错误总是由于其中之一或两个方面的差错造成的，因此我们创造了一个处理方式，就是将自己完全浸入客户体验从而更好地明辨未解决的客户问题。"

与观点获取相悖的是，我们经常看到管理人员会落入相反的陷阱——把自己的经验或情感投射到他人身上。这样做会导致错误推定和对预期的误判，从而被别人疏远并最终削弱人们跟随你的意愿。

1986年至2000年，史蒂夫·考夫曼在艾睿电子公司任CEO期间将公司价值从5亿美元提升至120亿美元。一切都表明史蒂夫是一位成功的CEO。然而，在他任职初期，史蒂夫在**从交际中创造影响力**方面遭受了沉痛的教训。作为分销商，艾睿电子公司和供货商的关系具有决定性意义，对于这些关系的处理是由一个庞大的机构负责的。史蒂夫决定将营销和采购活动划分为两个不同的机构。"擅长和数字打交道的极客将负责库存和采购，侃侃而谈但讨厌数字的家伙将执行营销项目。这是最合情合理的了！每个人都会喜欢这个方案。"他这样设想着，而没有深入调研团队的动机。对史蒂夫而言，这个计划具有显而易见的好处。

结果是，所有人都不喜欢这个计划。"我们最资深的员工无法继续从供应商那里采购，因此他们拒绝服从这个计划。他们对供应商说这个考夫曼疯了。他不了解这个行业。这个事情太可怕了。"像英特尔和德州仪器这样的主要供应商迅速将矛头对准史蒂夫："你到底在做什么？你在毁了你的公司！你的人都要走了！你还是不明白这个业务是如何运作的！"

"我的人坚决反对这个举措。"史蒂夫告诉我们。尽管这个举措意味着失去了面子，但他不得不放弃他的计划。而且他从来没有忘记过这个教训——在采取行动之前要搞清楚利益相关者们的想法，彻底了解相关环境（观点获取）。如同他所做的反思："我开始更重视从机构的思想领袖那里了解他人想法的需求。我懂得需要让明白业务运作的人参与到方案的设计中来。"因为在他看来合情合理的事情在执行的人看来未必也是合情合理的。

无论是激励你的团队攀登高峰、把新产品推向市场，还是赢得难缠的董事会的支持，观点获取能力可以决定成败。

通常情况下，我们遇到的每位CEO候选人都擅长在某些领域与其他人进行联系，但是很少有人能驾驭所有领域。有些CEO或许能够仔细听取客户的想法，但对和董事会成员打交道颇感焦虑。有些人或许可以和直接下属保持协调，却无法和谐处理与其他CEO的关系。在我们职业生涯的每一个层面，我们都是人际网络的一部分。而且，我们每个人都可以通过这个网络建立联系，并从中受益——询问足够多的问题并仔细倾听，从而发展强大的观点获取能力。

获取观点的惊人工具

找到实力强劲和能给予帮助的良师益友的重要性是"职业生涯管理101"辅导的支柱观点。然而，当我们让赛仕软件收集评估数据时，我们发现那些较弱的CEO候选人谈到了良师益友对他们职业生涯的重要性。更强的候选人更多的是谈到向他人提供指导，而不仅仅是他们获得的指导。虽然这完全违背了传统的观点，但与我们所了解的一切关于建立联系以施加影响力的方面是并行不悖的。

指导别人是获得观点获取的强大实验室——在不了解别人需求的情况下是很难提供帮助的。那些指导者成为拥有团队、人脉和资源完成任务的人。在有追随者的情况下，一个人成为领导者的概率也会更大。公司董事会知道当他们聘任CEO时，他们同时也聘任了这个人的人脉。

吉姆·唐纳德（Jim Donald）这样总结他在星巴克（Starbucks）、帕玛克（Pathmark）和超时延住酒店（Extended Stay Hotels）担任CEO时所取得的成功："你事业上升的秘诀首先是关照组织中的每一个人，当他们做得正确时要给予应有的认可，然后在最前线建立关系。这一点非常重要，因为当你攀登的时候，如果下面有推动你向上的支撑力量时，攀登会变得更容易，而不是靠单打独斗出人头地。"

▌ 通过例行程序经营人际关系

很多乐团指挥的工作是在排练时进行的，开展于音乐家上台演出之前。同样，对于一个领导者而言，使整个组织协调一致需要的不仅仅是意向，也不仅仅是理解利益相关者的动机和需求。它需要每天的习惯和例行程序来建立关系，并将关系转化为推动经营业绩的行动。事实上，这要求后起之秀和CEO们都采取同样的刻意训练，使管弦乐团变得更好。制定常规和方法，日复一日，循环往复，最终让推动各个音乐家在音乐会上演奏这一复杂的行为变得看似驾轻就熟。要在**从交际中创造影响力**方面达到这种表现水准需要遵循以下四个关键的例行程序：

1. 沟通。沟通。沟通

重复事宜。在比拉邦公司，尼尔·费斯克创造了一个为期五年，分七个阶段的转向策略。他确保人们总是知道他们在策略中的位置，以及他们是超前还是落后。"每次做出会议决定，每次内部会议，我们都会以某种方式、样式或形式回到这个问题上。"

如何确保自己的信息得以传递？尼尔提出了他所说的"七法则"：任何信息必须以七种不同的方式重复七次，然后公司才有希望能听到它。正式的备忘录、录像带、一个博客、在公告栏上张贴备忘录、市政厅会议、当你走路时停车场的谈话、在水冷却器旁聊天。你必须不断推进。你不能沟通过度。

如果没有这种持续的推动，就像史蒂夫·考夫曼在艾睿电子公司发现的那样，信息由于缺少足够的连贯性无法得到每个人的参与，使他感到非常沮丧。当史蒂夫访问当地的办事处时，他会花上半天的时间与业务人员交谈，并与总经理坐在一起。然后在下午他会跟销售代表一起骑车外出。"嘿，那个，你认为德州仪器的市场营销计划怎么样？它有效吗？"他可能会问。三分之一的代表可能会说："这是一个很棒的计划，它很有效果，我的销售业绩不错。"还有三分之一的人会说："你知道，它在这里根本行不通，我们刚刚对它进行了调整，因为我们的市场是不同的。""我可以忍受这一点。"史蒂夫说，"真正麻烦的是剩下的三分之一，他们会说：'什么计划？'"

2. 打破声障

与我们合作过的大多数高管都严重低估了他们的办公室声障。在他们的想法中，他们仍然是"玛丽"或"兰迪"球队中的一员。对于组织中的其他人来说，他们晋升的时候就成了大老板。继续畅所欲言地沟通需要付出额外的努力。CEO必须积极采取措施，营造让人们感到舒适的开放氛围，共享关键信息，无论是预警指标，还是改善的机会，甚至是巨大的胜利。

知名珠宝品牌约翰·哈迪（John Hardy）现任CEO罗伯特·汉森（Robert Hanson）在职业生涯早些时候就采用了这种策略，他曾在担任李维斯（Levi's）欧洲总裁的时候扭转了该品牌颓败的局面。当时，每个欧洲国家的总经理都各自为政。这导致了代价昂贵的低效率，并且由于李维斯的501种产品在各国之间差异很大，使得品牌出现了"标志性的"形象问题。这些欧洲总经理要比当时年纪尚轻、经验不足的汉森年长几十岁，并且在放弃自主权方面十分提防。如果汉森打电话把他们叫到自己的办公室，这种做法会被视为一场即时的高压攻势。相反，他转而对这些总经理进行了个人拜访，表达了自己的尊重并和他们建立了共识。通过表达敬意和了解这些总经理的需求，汉森让他们参与到变革中。当他离开李维斯时，品牌收入再次获得增长，扭转了两位数的下滑。

3. 嫁给公司，现场约会

　　改善方法中的一个概念建议管理者"亲赴工作现场"。有效率的CEO们会离开他们的办公室，在团队处理自己工作的舒适区与他们会面。一些最为优秀的CEO，如超时延住酒店、星巴克和帕玛克的前任CEO吉姆·唐纳德告诉我们，他们会把近一半的时间花费在办公室以外的工作现场。设想一下：在一个星期里，吉姆·唐纳德会用一半时间走访接待员、清洁工和顾客，这与生活豪奢、大亨派头的CEO的形象相距甚远。吉姆很早便从他的前任老板、沃尔玛创始人山姆·沃尔顿（Sam Walton）那里学到领导层应该脚踏实地，永远不要停止探求，坚持向顾客和员工们学习，从而反过来推动自身的改善。

　　在管理方面，吉姆使用电子邮件创建了一个强大的反馈循环系统。在超时延住酒店任职期间，他每周都给数百名地区和区域管理人员发出两封手写的信件（这些信件被扫描后通过电子邮件发送）。这些信的结尾都会以一句号召结束："请给我发电子邮件。"每周他都会收到潮水般的答复邮件，而每星期他都会一一回复。公司的物业经理们会每天收到CEO的语音邮件。投入的时间是值得的：吉姆经常会比他的高管们提早获知某些问题。

★★★

　　我们经常看到有才华的专业人士在职业生涯的中期就丧失了活力，

因为他们落在了**从交际中创造影响力**钟形曲线上的两端。一些人急功近利，却在身后留下了一道破碎的裂痕。其他人则过分在意每个人的感觉，以致难以推动业务向前发展。在这两种情况下，改变方法可能会令人胆怯，甚至感觉不自然。正如吉姆告诉我们的："这并不迷人，也不性感。这不是花哨的西装。事实上，你必须卷起袖子，穿上公司的工装亲力亲为。"

从交际中创造影响力是对意向的刻意应用，观点获取以及经过精心调整，与组织氛围和其成员相一致的广泛并且持续的外拓联系。它可以积极地探索并评估哪些事对哪些人是重要的，以及为什么。

最终，这种能力锻炼会发展成类似自然本能的感觉，使你能够与包括营销实习生到工程高管在内的所有人建立联系，而并不需要专门的专业知识。通向CEO的道路是人性的一场永无止境的修炼。那些卓尔不群的人，简而言之就是最为投入的学生。

测试从交际中创造影响力的能力

无论你是第一次担任管理者，还是已经在这份职业中游刃有余，我们都会建议你接受这份测评的挑战，测试你是否陷入了友善的陷阱。通过下面的问题对自己进行评价，从信任的同事处获得反馈。如果你在超过三个问题上的回答都是肯定的，你可能正陷入友善陷阱。你或许会发现，改变你的行为将会给业务绩效带来巨大的回报：

1. 你的团队是否觉得你所带领的组织中优先事项过多？

2. 在你所召开的绩效考核会议结束后，大家是否无法准确表达他们的优势、差距以及对他们的期望？

3. 你在决定如何处理一个可能不符合公司未来发展的忠诚的成员时会迟疑不决吗？

4. "友善的"是别人描述你的前三个形容词吗?

5. 在考虑一个决策时,你首先想到的是它会对关系产生何种影响吗?

6. 你周围的人(团队、老板)在评价你时会说你喜欢规避或减少冲突吗?

关 键 要 点

1. 明确意向。将抱负性意向(最重要的宏伟目标)与事务性意向(任何一次互动达成的目标)相匹配。

2. 施展观点获取能力理解各种利益相关者。

3. 建立例行程序使利益相关者支持你的意向。

第 **4** 章
力求沉稳可靠：坚持不懈，努力实践

重复的举动造就了今天的我们。因此，卓越并非源于一种行为，而是习惯使然。

——亚里士多德

我们所获得的最令人惊讶的一项发现关乎一种特质，它是如此低调，且在通常情况下会被忽视。事实上，它永远不会作为一个优点出现在CEO的简介里，或被商业媒体津津乐道。然而，在所有能引领一个人实现执行成功的行为特征中，它是唯一一个既能提高候选人获聘概率，也能让其有更多机会在工作中出类拔萃的行为。

这个特质是什么？它并非信心或经验，甚至也不是决断力。躲在应聘成功和业绩成功背后的这个关键的行为特征就是**可靠性**。以可靠性著称的CEO成为高绩效人士的可能性会比其他人高出15倍，而他们获聘的概率是其他人的两倍。

　　虽然可靠性听起来理所当然，但我们看到领导者每天都在努力让自己和组织始终如一地履行承诺。一个案例——接受我们CEO基因组行为诊断的领导者有9000多名，但是可靠性的分数一直位于最低水平。这是为什么？通常，在大公司中通过层层选拔、出人头地的领导者往往依赖于既有的一套管理系统。他们是可靠系统的使用者，而不需要构建它们。当面临可靠的系统和流程缺失的情况时，他们就会陷入困境。对那些在小公司中崭露头角的领导者来说，他们的经验常常是永远要"勠力同心"——解决决定性问题和临时救火。救火的高管人员认为他们眼下要做很多工作——确实如此，他们被不停的灭火工作搞得焦头烂额，因而很少将注意力放在如何设置流程未雨绸缪上。当他们在众人的殷切期待中被强行委任CEO的角色后，面对的将是巨大的压力和紧迫的时间，他们很难说服大家投入时间和金钱建立一个强大的业务管理系统。

　　为什么可靠性如此强大？可靠的领导者可以让客户、董事会成员和员工在他身上寄予一种设想，即他们会把事情搞定。董事会青睐"一双让人安心的手"。与他同级别的高级管理人员也是如此。数据表明这些候选人能够继续创建高绩效组织。

　　以比尔·阿梅利奥为例。他是一位资深的CEO，曾三次担任这一职务，现任电子分销商安富利（Avnet）的CEO。比尔能量充沛，决定果断，总是一往无前。他无法安安静静地坐着，他热爱获胜的感觉，憎恶失败。比尔是那种几乎从未违背过承诺的人，高中时他在肘关节脱臼的康复期间参加了整个摔跤季的所有比赛，为整个队伍做出了榜样。那次他在宾夕法尼亚州一场艰难的决赛中以4∶6的分数与冠军失之交臂，最终以微弱差距获得第二名。

　　作为CEO，比尔身上散发着可靠性的光彩。他的一切都在对周围的人说："我们会搞定这件事。"自20世纪90年代后期以来，比尔在五次担任高管职务期间都建立了一个沟通日历——从每周的团队例会到每季度的市政厅会议——并从未有所偏离。借用比尔一位直接下属的话："随着会议的节奏，你不可避免地能感受到一种强大的管理纪律。比尔有一套系统的方法令会议、要点和职责变得简洁明了，并让他人能感知组织运转的节奏。"每个人都明确知道自己要达到什么样的预期，并为此承担职责。

当我们第一次见到比尔·阿梅利奥时，他刚刚出任加拿大直升机公司CHC Helicopter的CEO。CHC运营着全球最大的大中型直升机服务业务。他们的直升机为海上石油钻井平台工人提供运输服务，并在包括尼日利亚、阿塞拜疆到北海的区域执行搜救和紧急医疗任务。CHC凭借自身的可靠表现为生命提供保障。但是，该公司在保证客户安全的同时也付出了很大的代价。这个价值逾10亿美元的全球企业在30个国家拥有5000名员工，采取的经营模式类似母婴用品商店。管理团队多年来从没有实现预算目标。直升机被闲置。备件的获取渠道陷入糟糕的困境。比尔的任务就是扭转局面。在比尔担任CEO一年后，尽管面临着巨大的市场压力和沉重的债务负担，CHC的预算计划开始得以履行，预算得到控制。

当比尔掌管这个公司时，他就像一个工程师一样进行重建，创建了查找和解决根本问题的业务系统。他重新设计了CHC的架构，将建立问责制作为首要任务。他希望每一个优先业务事项能明确落实到具体的人。他很快升级了管理团队，将世界级的CFO、运营主管和其他高管纷纷纳入麾下。他带领管理团队坚持不懈地跟进行动清单。这个清单最多的时候有347项，当比尔率领队伍实现了更加稳定的局面的时候，这些行动已缩减至35项。

　　作为为比尔提供建议的一部分，我们为他及其管理团队每年进行一次360度反馈测评。我们为此访谈的21位反馈者一致声称他的<u>可靠性</u>是推动公司迈向成功的关键因素。他们钦佩地谈及"比尔恶魔般的后续行动"。继CHC之后，比尔开始担任电子分销商安富利的CEO。他在这里也很快建立起一个强大的团队和商业管理系统。

　　可靠性的一个标志是遵守承诺。在我们研究的样本中，94%的最强大的CEO候选人会始终如一地遵守他们的承诺。组织心理学领域的研究发现，条理性强、训练有素和头脑严谨的人——在责任心一项，也是五个基本人格维度之一上获得高分的人——更有可能在管理上取得成功。

　　比尔·阿梅利奥或许是你可能遇到的最难对付的老板之一。但是，有说服力的是，他在每一个公司都吸引了强大人物的追随。原因很简单：有比尔掌舵，他们就能一直获胜。获胜的员工都是敬业的员工。哈佛商学院的特蕾莎·阿马比尔（Teresa Amabile）在研究敬业度的科学时发现没有任何东西比取得进步更能让员工对工作感到满意、充满热情和获得成就感。

　　在商业上，可靠并有才干的人会被珍视。雇主和客户更倾向于为他们承担风险，并给予他们更多的机会。他们本能地知道坚持不懈的决心对个人事业和公司的成功而言都是一个重要的因素。此外，可靠性的美誉会使你得到认可。现今担任美国电台运营商积云传媒（Cumulus Media）CEO的玛丽·伯纳（Mary Berner）告诉我们，她凭借"毫不夸张的兑现"成为费尔柴尔德出版社（Fairchild Publications）《魅力》杂志（*Glamour*）的出版商，首次开启了CEO的生涯。

　　<u>可靠性</u>的支柱包括个人言行一致、设定符合现实的预期、实行全面的个人问责制并将一致性原则嵌入组织中。

稳定表现的秘密

董事会和股东非常重视业绩的持续性。持续性使他们相信自己可以在未来指望持续的强劲绩效。例如，我们最近为一个董事会提供遴选继任CEO的建议，董事会正在两位优秀的内部CEO候选人身上做考量——我们称二人为彼得和迈克。彼得在兑现时经常会超越他的目标，在解决问题时总是靠拍脑门的方式。麻烦的是他反复无常。他的胜利看起来更像是靠运气而不是依赖可重复的行为获得的。高瞻远瞩的思考和欠考虑的规划之间存在一条微妙的界线，而董事会并不确定彼得的表现属于哪一种。

接下来是迈克。不同的是，迈克的表现很少超过预期，但他总是能满足预期。你可以根据他的表现设置时钟。他始终如一，坚如磐石。董事会认为迈克值得信任，可以年复一年地兑现承诺。

我们发现，大多数董事会会选择一位可预见的执行者而不是一位商业天才。生活总是充满了惊喜，但以他们的思维方式，惊喜不应该由CEO创造。这是可以理解的。在董事会中，可靠性始终将不按常理出牌作为一种个性特征进行打压。

事实是，人们可以对一致的，即便是不常见的行为，进行预测和控制。但是为反复无常的老板或合伙人进行管理或工作，就像在雷区中奔跑的同时还要努力把工作做好。

在我们对CEO进行的数百次360度测评中，几乎无一例外，每个人都在无数的领域中呈现出具有破坏性的言行不一的表现。以下是一些典型：

◎ 海鸥："直到她需要搭乘飞机离开办公室的那几天里，她才终于不再插手。但突然之间，你会收到一百万封电子邮件，而你在过去三个月里一直做的每件事都是错的。"

◎ 消防员："他坐等行动的时机，直到事情演变成危机，而且我们不知道他会在什么时候或者是否会介入，以及如何介入。"

◎ 浅薄的涉猎者："我永远不知道他会在某一天又投入到什么事物中。今天是中国，明天是精益化生产，下一个是大数据如何影响我们的业务。他多变的注意力阻碍了组织，我们最终没有掌握任何东西。"

◎ 急性子："他对任何事情的反应都取决于当时的心情。他每天都用一种不同的衡量标准来评判我们的工作。谁也搞不清是什么突然让他心情变差。"

公民权利和人权中心创始人兼前任CEO，现任亚特兰大伍德拉夫艺术中心总裁兼CEO的道格·希普曼对我们说："保持言行一致可以创造出明确的期望。你希望你的团队能够预见你提出的第一个和第二个问题，并且已经对问题的答案进行了思考。你正在教他们需要关注的事物。如果预算数字出现了差错，你希望他们靠自己找到重要的手法。当你两次出现言行不一致时，就会出现一种新的模式。"全球领先户外品牌添柏岚（Timberland）前CEO杰夫·施瓦尔茨（Jeff Swartz）回应了这种观点。"如果你想要严肃，那么你必须始终严肃。因为如果你有一天严肃，而另一天嘻嘻哈哈，人们就会感到困惑。他们会搞不清楚你是怎么回事，而这会构成威胁。"

"一个人言行一致"创造出一种强大的、不可抗拒的节奏，可以让人们表现出最佳状态。

高度可靠的领导者的习惯

我们所遇到的那些懂得可靠性具有至关重要意义的CEO们非常重视细节。他们在一切事务中都努力践行着可靠性：

◎ 他们准时参加会议、搭乘航班飞机和接听电话。

◎ 他们在会议中做出个人承诺（谁在什么时间采取何种行动）。

◎ 他们虔诚地跟进达成一致的行动。

◎ 他们列出清单（要做的事情、要读的材料、所犯的错误、需要保持联系的人、有用的资源等），并将这些事项付诸行动。

◎ 在与团队交流时会留意自己的情绪、措辞和行为——他们的行为和措辞是否产生了预期的效果？

◎ 他们让需要知情的人一直保持信息畅通，以便没人掉链子。

设定切合实际的期待

相信自己是可靠的，相信自己会言出必行是推动他人行动的力量。正如Teach For America的CEO艾丽莎·维拉纽瓦·彼尔德（Elisa Villanueva Beard）所说："每个人都在观棋，你的每一步都会说明你是一个怎样的人，你的价值观、你的期许，以及你如何关心和管理你的工作。"那么，当你处于职业生涯的早期阶段，并且可能还没有可以添加的业绩记录时如何创建对可靠性的感知呢？以下是我们通过对最优秀者的研究获得的观察：他们积极地设定自己的承诺，以创造一种可以让他们可靠地兑现的情势。

很多从业者，从快递员到办公室职员，都会言出必行。而将可靠性转化为核心领导特质的超级明星们会更进一步。只"做"是不够的。他们在薪酬上涨或职位赋予自己权力之前就积极塑造对于自身和团队的期望。普莱克斯系统公司（Plex Systems）的CEO詹森·布莱辛（Jason Blessing）告诉我们，他将自己在一项全球软件实施项目——我生命中最具挑战性的项目——中取得的成功归功于自己掌控并重新设定预期的能力。

当时只有26岁的詹森在PeopleSoft工作。一个高级合伙人在一项价值为1000万美元的软件实施项目上感到晕头转向。参与这个项目的人称其为"列车事故"。詹森被要求介入的，事实上是一片混乱的状态，最初他与那位无法控制局面的合伙人一起工作。虽然詹森带来了强大的项目管理技能，但真正实现改变的是他重置了客户期望。原先的预期是使用PeopleSoft本身的资源，但是詹森看到他们为这个项目配备的人员全是错的。为了项目能取得长期的成功，他们需要采用一种不同的方法。他不仅要说服客户让合作伙伴（他的老板！）从项目中撤出（这是一个政治上棘手的举措），还要为项目的更多部分配备内部化模式，而不是依靠顾问。总之，他需要说服团队接受一系列如何更好完成任务的新的预期。詹森和他的团队最终实现了目标。他所获得的成功使他在整个公司树立了兑现承诺的形象，机遇的大门也随之向他敞开。

可靠的领导者的目光会超越明确的既定承诺。他们会仔细观察正初露端倪的隐形预期的迹象。董事会和老板之间的交流可能经常会非常晦涩。我们最近看到一位在这方面栽了跟头的CEO，尽管他不仅完成甚至超额完成了既定收入目标。他所负责的公司是一家营收约5000万美元的互联网安全服务公司，此前被一家中型市场私募股权公司收购。根据收购时的市场状况，他们设定了收入目标。

　　如今这位CEO毫不懈怠。他马不停蹄地工作，并让他的团队快马加鞭。虽然他很忙碌，但并没有与董事会的沟通保持同步——不断揣摩他们的变化，监测他们的反馈意见和评论，以发现他们明确表达的预期已经改变的蛛丝马迹。随着时间的推移，行业的经济环境有所改善。公司的所有者们很兴奋。虽然他们没有提出明确要求，但他们认为相应的收入增长会超出他们以前商定的目标。

　　当CEO公布了公司的营业额时，他本以为董事会会对他的业绩感到满意。他已经实现了所有的目标。但董事会并不买账。他们想要看到比他能够兑现的要多得多的收入。这位CEO不知所措，有了一种挫败感，与董事会的关系也变得紧张。

　　试图和老板一起，或者在CEO的位置上与董事会一起设定期望值并不表示你相信自己有权力制定自己的条款和议程。它关乎感知别人希望的技巧——可能无法言明，以及说服他们接受你希望塑造的未来的能力。

　　无论你处于职业生涯的哪个阶段，你都可以设定期待以确保可靠的兑现。当你被交付一个项目时，你的回答不应该是："好吧，我要开始工作了。"而应该是："从现在开始我就要兑现了。包在我身上。"然后保证自己能坚持到底。

挺身而出，勇于承担

　　让其他人按照你的鼓点前进需要的不仅仅是清晰的期待和不懈的跟进。你需要让自己的员工想要实现目标。依据我们对比尔·阿梅利奥这样的领导者的观察，他们会用两种方法在保持严苛的同时又赢得了团队始终不渝的忠诚和可靠性。

在**可靠性**方面表现出色的CEO会与其利益相关者——雇员、客户、顾客、合伙人和董事会——一起践行根本的个人问责。他们通过让自己对最高标准负责而获得让他人承担责任的权利。

我们之前提到的"行事低调"的CEO玛丽·伯纳对我们讲述了她是如何向自己的团队和整个组织负责的。在她从事更为难熬的CEO工作的几年后，玛丽需要带领《读者文摘》走出预先破产。玛丽意识到，她需要迅速引入21世纪新兴的个人问责制和透明度观念，同时做出一些非常艰难的决策，如裁减8%的员工。那么她采取了哪些措施呢？她让所有5000名员工每6个月为她做一次评价。她在公司内部网上发布的每条评论都没有经过过滤，所有人都可以看到。"人们原本认为我会过滤它们，但他们发现我并没有那样做。因为不论是好的、坏的还是丑陋的东西都在那里，它们同时创造了信任。CEO会生活在自己的小世界里，而且满嘴花言巧语。他们每个人都在谈论问责制，但如果你不能对自己的员工负责，员工便不会买你的账。"

我们观察到的第二种行为模式深深根植于这些伟岸的领导者的动机中。在通常的野心和驱动力之下，我们目睹了一种想成为别人可以真正依赖的人的核心愿望。在他们个人生活和职业生涯中，高度可靠的CEO希望挺身而出并勇于承担。

我们在访谈詹森·布莱辛的时候看到了这个特质，他是我们之前提到的普莱克斯系统公司的CEO。当他介入我们之前描述的那个决定其事业成功的早期项目时，他的脑海中并没有什么职业抱负，他希望我们理解这一点。他并非为了追名逐利。他的驱动力非常简单：他只是想提供帮助。"我努力以诚信行事，让我们的客户取得成功，并使团队获得成功。"他告诉我们。

如果我们还处于与CEO打交道的早些时候，我们会天真地以为布莱辛一定是一个例外。毕竟，除了强烈的野心还有什么样的特质会促使一个人承担这样一个成功率极低的困难项目呢？而如今，在对不胜枚举的CEO进行了访谈后，我们知道这种动机——让别人可以永远依靠的愿望——并非一种反常。事实上，这是一个支配性的主题。比尔·阿梅利奥可能已经非常清楚地对此进行了表述："（想要成为CEO的）最好理由之一是你非常热爱管理和领导他人。这让你感到兴奋。事实是，你关心他人。"当我们最近一次看到比尔时，他刚刚利用周末的大部分时间帮助他的一位高管处理了家庭危机。

"领导者会在关键的时候出现，"前南加州大学教授兼领导力大师沃伦·本尼斯（Warren Bennis）说，"他们随时准备在重要的时刻给予同事支持。"在我们职业生涯的早期，我们倾向于以任务为导向。我们希望独自实现目标的愿望引领我们许多人成为高绩效者。对于年轻而又渴望成功的你而言，诸如"可靠的"和"沉稳的"这些词语在当时的职业背景下依然可能会让你感到陌生。这在这个阶段是正常的。没有多少人在职业生涯刚开启的时候便自然地专注于对他人的责任。但随着时间的推移，那些追求高级领导力的人会朝着这个方向发展。

这个原因很简单：那些没有将专注力外化的人发现他们的职业生涯碰到了壁垒。要成为一名成功的经理人和领导者，你要能够将关注力从聚焦于个人成就转变为集体成就。缩小对一方面的聚焦，但要扩大对另一方面的关注。那些主要关注自己的人在开始管理他人时会无法再兑现承诺。当你变得越来越资深，你就越需要将更多注意力投入到你的团队中去。那些向上发展的人会开始问自己："我的老板、同事、客户想做什么？我该如何帮助他们实现呢？"

▌ 向高信赖度组织取经

我们对可靠性的最终认识源于一些超乎想象的地方：核反应堆、航空母舰以及石油钻井平台和一些高风险工作场所，这些地方的可靠性与实现季度目标无关，而完全是生死攸关的问题。这些组织的文化和流程的各个方面都必须进行精细调整，以最大限度地减少失败、确保安全并避免灾难。他们面临的挑战与我们所听到的一样，张贴在海军战斗机飞行员学院（Top Gun）里："在压力下，你不是随机应对，你依靠的是训练水平。"

组织心理学家将这些组织称为"高信赖度组织"。在将它们的实践与我们自己数据中可靠领导者的习惯进行对比时，我们看到了帮助人们在复杂的高压体系中执行任务的方法。基本上，每个现代公司中，执行任务的方法都很相似。

当然，将这些付诸实践需要根据不同的企业、行业、目标和环境进行调整。例如，对于处于转型期的公司，我们会看到CEO们甚至会亲自在每张支票上签字，因为成功管理现金流具有"生死攸关"的影响。然而，同样的策略对高增长模式下的创新型企业则会变成近乎有害的微观管理。

1. 化险为夷

我们之前已经谈到从失败中学习的重要性，以使你的决断力能力得到精细调整。在高风险的环境中，领导者认识到发现一个小小的"疏忽"是防微杜渐的宝贵机会。他们会在此之后努力建立更好的流程。当然，为此，我们鼓励员工发现这些小的疏忽。公布的错误越多，改进的速度就越快。他们创造了一种环境，在这种环境中员工们愿意将注意力放在发现错误上，而不是掩盖真相。

每年在美国，由于可以避免的错误导致的患者死亡人数大约为44万人——每天的死亡人数有1000人之多！在费城儿童医院，CEO玛德琳·贝尔聘请了健康绩效改善公司对员工展开培训，该咨询公司由几个前核电站管理人员和海军飞行员创立。当顾问对员工们进行访谈时，他们发现了一个紧急的危险信号：员工说管理层"对错误采取了惩罚性的回应"。

在惩罚文化中，员工不会急于向经理报告错误。关注于提高可靠性的领导者需要认清错误的实质。在费城儿童医院，解决方案是对报告"未遂事故"的员工给予赞扬而非批评。例如，病人原本将要接受错误的药物治疗方案。医院也对语言描述进行了一次重要的变革：现在，未遂事故都被称为"化险为夷"。作为CEO，玛德琳每月会和报告"化险为夷"的人会面，有时会在病床边与他们面谈。此外，医院还设立了"年度化险为夷"奖。在玛德琳将再培训工作引入医院的三年后，重大安全事故减少了80%。

2. 创造公平竞争的环境

这些领导者期望所有人——每个员工、管理人员和领导者——都有同样的资格和责任来解决问题和确定解决方案。他们鼓励所有员工提出问题，即使这意味着对层级的忽视。

例如，在一家医院的手术室里，病人命悬一线。但这里自然也是一个等级森严的地方。外科医生是国王，而护士远位于图腾柱的下方。著名外科医生、畅销书作家和卫生政策领域专家阿图·葛文德（Atul Gawande）致力于发现挽救生命和减轻痛苦的最有效方法。我们的同事阿兰·福斯特（Alan Foster）为阿图担任了7年多的领导力顾问。阿图发现，打破层级壁垒对于减少手术台上死亡患者的数量至关重要。他的同事们为手术团队进行培训时，首先让他们相互介绍自己。这是一个看似表面化的消除隔阂的行为，但阿图的团队发现它立即打开了沟通渠道。这个行为向团队中的每个人宣告："你的声音是独一无二的，是有价值的。你有责任讲出你的观点。"这使得护士和技师在怀疑医生是否在正确的腿上动手术时，可以有信心告诉外科医生他们的想法。

同样，杰出的CEO也可以让所有员工提高自己的音量——并且，同样重要的是，他们确保自己能在距离现场足够近的地方倾听。CEO们经常告诉我们，令情况发生改变的想法并非来自高管团队，而是来自收银员、客服代表、司机和接线员。正如比尔·阿梅利奥所说的那样，"你必须走出去核实有没有疏漏。你看，事情总是出现在你意想不到的地方。总之，人们想要告诉你事实"。比尔会在24小时内回复公司内部任何人发给他的电子邮件。

3. 创建精确的共享词汇表

重视可靠性文化的领导者认识到成功的执行需要无缝沟通。他们投资于创建共享的精确词汇，以加快协调统一并降低错误风险。

我们以前的ghSMART合作伙伴大卫·沃克斯（David Works）对精确的语言拥有丰富的经验。他曾在摩托罗拉的半导体制造工厂担任工程师，离开ghSMART后在西尔斯和Windstream担任CHRO（首席人力资源官）。他在海军核潜艇上度过了早期的职业生涯，那时如果可靠性方面出现失败则意味着生命的代价。精确的语言融入了文化中。潜艇里的每个人都知道"Watch Team Backup"意味着每个人都必须负责检查两遍甚至三遍才能保证后续关键任务流程的执行。"每次军需官对图表进行修正时，"大卫回忆道，"甲板的军官要对照着检查两遍。每次都是这样。它是核潜艇部队非常重要的一部分。我记得我的一个朋友在认真复查时发现一张关键图表的标记出现了错误。这可能会造成轻微的碰撞，对于潜艇必然是致命的。采用'Watch Team Backup'成功地发现了问题。"

大卫在担任此后的首席人力资源官和Windstream的业务部门总裁时将此发扬光大。他意识到组织需要更多地关注如何提高运营效率，并改善跨功能领域的合作。他采取的一个举措是开发一种通用语言，以便每个人都明白负责的含义。一个例子是"对它负责！"的概念。大卫带领一个团队共同为"对它负责！"进行定义并将其作为找到一种获胜方式的承诺，而不是陷入相互指责。这种特定的共享词汇有助于建立更强大的以执行为导向的文化，有助于将选择新服务的客户满意度（净推荐值，Net Promoter Score或NPS）提升约20个百分点。

如何知道你已经将共享词汇深植于公司从而确保实现可靠性？如果公司中的50个人都能以同样的方式清晰表述某个特定术语的含义并采取一致的行动，那么答案就是肯定的。语言是文化传达重要信息的方式之一。

4. 建立一以贯之的流程机制

位于各个层级可靠的领导者不仅仅在言行一致方面以身作则。他们同样通过设计可靠的流程来在组织中建立一致性。尽管巨大的成绩会得到尊重和赞美，但有时它们是费了九牛二虎之力（或借势市场"顺风"）的结果，而这些因素从长远来看是不可持续的。效率低下且设计不佳的工作流程会造成含混、困惑，并最终会导致错误和失败。随着时间的推移，要保持可靠的业绩需要一个周全的，配有相应流程、指标的经营管理系统，以及一个用以确立纪律的可预测的节奏。在我们研究的强大的CEO候选人中，75%的人在组织和计划能力方面获得高分。

美国零售商Sears Hometown and Outlet Stores的CEO威尔·鲍威尔（Will Powell）曾为一项业务聘任了错误的管理者，从而领悟到了这一点。"他们在第一年带给我的业绩不错，但在这背后，我可以感觉到，（这个业务负责人）无法在结构上复制这个业务。"他告诉我们，"他有推动想法的激情和活力，但是没能建立一个复验性的基础。这项业务在第二年开始崩溃，我不得不让他离开。"

这个魔力源于这样一个事实，即系统本身——明确的步骤、截止日期和可衡量的业绩——可以让人们对结果负责。在我们的研究中，CEO在问责方面的能力几乎是普通高管的两倍。

记分卡：简单的可靠性工具

每个级别的领导者为自己和团队里的每个成员创建个人问责制的方式之一就是完成并共享我们所称的记分卡。董事会、CEO和高层管理人员及其团队使用记分卡来清晰确定隐含的目标，并使其与个人和集体的责任相互统一。这确保所有人都清楚他们需要兑现的承诺。记分卡可以用于招聘过程中，以显示出应聘者的胜任程度，也可以作为持续调校和绩效管理工具。

记分卡需要你在自己承担的每项责任下写下明确的期待，并要求你对其进行描述：

◎ **你的使命和愿景**：使命是对工作中直接目的的简短陈述。愿景看起来更为长远：你的公司未来会以什么成就和价值而闻名？

◎ **你要完成的五大优先事项**：哪些措施能够取得突破——你的推

进日程需要做出哪些改变以便完成这些优先事项？

◎ 你和你的组织在未来三年会带来哪些激动人心的成功？什么成就可以满足你的愿景？你如何量化和衡量这些成就？

◎ 如何实现成功？

　　先进输液解决方案公司（Advanced Infusion Solutions）是一家领先的家庭输液供应商，它的CEO西蒙·卡斯特兰诺（Simon Castellanos）像其他许多CEO一样，告诉我们学习建立一贯性流程是他作为高级管理人员时为自己成为CEO做准备的最重要步骤之一。西蒙是另一个看起来不像CEO的领导者。他于1985年从厄瓜多尔移民到美国，开始在美国的成年人生活。他曾每天需要步行45分钟到位于哈莱姆的一座废弃建筑中开始一天的木匠工作，这样他可以把节省下的90美分的巴士车费用于学习英语课程。当掌握了基础英语后，他得到了一个深夜门卫的工作，这可以让他在白天里接受大学教育。在随后的四年时光里，西蒙每晚都要工作，并被纽约城市大学录取，获得了会计学学士学位。他的第一份工作是在当地的一家小公司Parrish Leasing里任会计。他凭借自身的可靠业绩被委任了更多全新的、更具挑战性的任务。更大的任务意味着更重要的职务，更重要的职务让他进入了更大的公司，于是，在2014年，在他几乎身无分文开始闯荡美国后的第30个年头，他不可思议的傲人简历使他获聘为Western Dental（这家价值5亿美元的公司专注于为美国西南部医疗服务薄弱的人群提供低廉的牙科护理服务）的CEO，在其职业生涯早期，西蒙曾作为运营副总裁供职于费森尤斯医疗保健公司（Fresenius Medical Care），并很快晋升为总部的中心业务部的总裁，这个价值约4.7亿美元提供透析服务的业务部位于芝加哥。西蒙接手的是一个业绩严重低下的部门，所有质量指标均不合格，员工流失率远高于行业基

准。"那时公司就像一个旋转门。"西蒙告诉我们，人员变动率正在损
害他们提高质量的能力。他必须找到一种方法来提升员工的敬业度。他
首先做的是创建一个类似钟表机制的每周甚至每日报告体系。这个体系
不仅包括前期回顾的财务数据，还包括可以预测潜在问题的先导指标，
如患者满意度或诊所员工敬业水平。起初，人们对此都非常抗拒，心存
疑惑。"总裁的职位已经换了三四个人，我们为什么要对你说的认真
呢？"大家的态度就是这样。

　　但西蒙奋勇前行。他在会议和沟通方面采用了一致的节奏。他每周
会定期与团队面谈，审查各地区的汇报结果。经营指标或财务状况低于
行业基准的地区必须制订正确的计划。西蒙率先完成指标，身先士卒，
将面谈—考量—改进的工作方法贯彻到底。他鼓励员工出谋划策，并且
将其中好的想法付诸实施。随着时间的推移，公司摆脱了亏损和僵化，
呈现出新的气象。一致性变成了动力。它成为团队成员之间和西蒙的承
诺。在西蒙执掌的两年后，中心业务部的质量指标从五个业务部中的最
后一名跃至第二名，成为公司中盈利最多的部门。员工流失率从30%下
降到19%的行业平均水平。随着西蒙的团队开始为客户和员工提供可靠的
承诺，在一个几乎停滞不前的市场环境里，公司的收入摆脱了下滑，转而
实现了3%的年增长率。西蒙将他自己行动的一致性归结于在动态中设定目
标。他的团队非常清楚每个人的预期是什么，以及应该关注哪些重点，并
且采取一以贯之的流程来确保质量。强劲的财务业绩是顺理成章的。

　　正如我们所探讨的那样，可靠的领导者亲自建立一贯性的实践措
施，并且将一以贯之的例行程序嵌入到他们的组织中。我们从一些管
理人员那里听到的一个反驳是，在一个充满不确定性的时代里，流程和
例行程序会限制组织即兴发挥和适应的能力。然而之前提及的外科医生
阿图·葛文德则认为并非如此。阿图的工作已经证明，帮助医生和护士

管理医疗保健中的复杂性和不可预测性的最佳方法是以最简单、最老套的方式创建流程：清单。在《清单宣言：如何正确处理事务》（*The Checklist Manifesto: How to Get Things Right*）一书中，阿图写道："人们对遵守协议的想法感到恐惧是因为害怕产生僵化死板或官僚主义。他们眼前假想的是一个毫无思考的机器，终日埋首于清单中，无法向挡风玻璃之外的风景张望，失去了应对面前现实世界的能力。然而当你面前出现的是一个制作精良的清单时，你会发现，情况完全并非想象的那样。清单可以赶走愚蠢的东西。"换句话说，当我们摆脱"愚蠢的东西"带给我们的认知负担后，我们可以更好地承担起艰巨的任务，尤其是需要领导者机敏、有能力应对意外和在灾难中保持运转所做的不懈改变。这将我们引向下一章，即第四个也是最后一个关键的CEO基因组行为特征：大胆调整。

可靠性测评

自测：

◎ 我本周在与客户、同事、高级管理层以及为我工作的人的交流过程中保持言行一致了吗？

◎ 我什么时候放弃了我的原则？那是在一个特殊的情况下吗？我如何处理这些情况？

◎ 我的团队中的每个人是否都了解对他们的期待？他们对自己的业绩负责吗？他们是否接受责任并能够承担责任？

◎ 我的老板、同事、客户想要做什么？我该如何帮助他们？

◎ 我的利益相关者对我没有公开讨论的期待是什么？

◎ 人们期待我兑现什么？我有没有把它记下来？我是否和老板、同级和团队就此进行过讨论？

◎ 我上周按时参会的次数是多少？

关 键 要 点

1. 保持稳定的表现。

2. 采取彻底的问责制思维。

3. 在工作的头几周里积极塑造期待，并在状况改变时重新对期待进行审视。

4. 建立一个业务管理系统以驱动复验性的业绩。

第 5 章

大胆调整：享受未知带来的不安

> 每天醒来后，我都会花大部分时间试着解决将要发生的事情。
>
> ——玛德琳·奥尔布莱特

柯达（Kodak）、百视达（Blockbuster）、边界（Borders），这些公司的共同之处是什么？它们都曾经获得巨大的成功，但因为无法适应变化而告别了昔日的辉煌。根据耶鲁大学理查德·福斯特（Richard Foster）的研究，在美国，当今领先企业的平均寿命在过去的一个世纪中从65年下降到仅为23年。如同赫伯特·乔治·威尔斯（H. G. Wells）所言："适者生，不适者灭，这是自然界一如既往、永不变更的规律。"

在大部分的职业生涯中，我们会因为自己的知识比别人丰富而获得嘉奖和认可。然而，当既往的知识储备逐渐遭遇"瓶颈"，每个高级领导者都会面临职业生涯的转折点。它往往出现在需要管理比以往更多的人员，或者面对不知如何解决的挑战时。突然间，或者看起来，他们发现自己处于超出其能力范围的未知的境地。为了达到顶峰，雄心勃勃的领导者必须学会驾驭未知。而作为高级领导者，他们很可能在剩余的职业生涯中都要和未知过招。

善于驾驭未知意味着什么呢？

为了得到答案，我们询问了一位海军海豹突击队高级军官，他在作战环境和训练环境方面拥有丰富的经验，这一点使得他不止于优秀，更是一名杰出的海豹突击队领导。我们期望从他那听到这样的形容词，如"勇敢""坚韧""极度自信"。这位军官的明确回答是：谦卑。

每一位在海军海豹突击队中获得一席之地的人通过多年的经验和日积月累的艰苦严苛的训练，都会证明自己可以成为楷模。这是进入的代价。根据这位海豹突击队官员的说法，真正使一个人卓尔不群的是谦卑，正是谦卑使他能够认识到他和他的团队面临的真实处境——对未知做出回应。我们执行军事行动的作战环境可谓险象环生，变幻莫测。谦卑能让领导者明白他们并非通晓一切，"他们的经验"不及快速学习和适应重要。那些愿意并擅长向来自不同兵种、部队、级别的人学习，并善于借鉴他人经验的人才能成为杰出的领导者。

这与CEO的生涯有着惊人的相似之处，特别是富有野心的管理者们开始将他们每天的工作视为施展适应性和敏捷性的时候。

普尼公司（Putney, Inc.）的创始人琼·霍夫曼把CEO的日常生活比作在战壕中带兵。巴基斯坦公司TPL Trakker的CEO阿里·贾米尔（Ali Jameel）告诉我们，在作为企业家和CEO的15个年头里，他的计划从来不是一成不变的。我们认为，大多数已知的问题都应该由CEO手下的人来解决，这样他就可以抽身专注于解决未知的问题。

不管你拥有多么广泛和深入的专业知识，无论你是从外部聘入还是从内部晋升为CEO，在担任这个职务时都要将企业面临的永无止境的不确定性转化为机遇和发展。我们在这项研究中访谈过的大多数领导人都提及必须适应突如其来的挑战或危机。最优秀的领导者能够让组织和自身适应无尽的不适并获得蓬勃发展。这些CEO会在必须采取行动之前就着手制定新的路线，而不是等到走投无路。

换句话说，这些领导者可以从大胆调整中获益。我们的研究表明，敢于调整的CEO获得成功的可能性要比坐观其变的CEO高出约7倍。我们的数据显示，如果说可靠性是业绩表现高低最有力的区分标准，那么应变力就是重要性迅速增强的行为。当我们与许多董事会和投资者讨论四个CEO基因组行为时，应变力因为其对于在巅峰处获得成功——那里通常没有预设的剧本——具有日益重要的作用而备受关注。

那些最为擅长调整自身和企业实现适者生存的CEO已经学会对不适、冲突和变化采取欢迎态度。他们的观点是：如果处于舒适中，我不可能在这么短的时间内学习新知并完成蜕变。让自己在带领组织时处于不适实际也是一个目标。CEO的职责就是要在压力和变化中前行。本章将重点介绍在未知里跋涉时所使用的关键方法——挥别过去和感知未来。

挥别过去

汤森路透（Thomson Reuters）的CEO吉姆·史密斯（Jim Smith）是少见的CEO群体中的一员，他们似乎很享受给很多人带来不适的那些不确定性。吉姆在肯塔基州的一个农场长大，没有特殊的家世。他毕业于西弗吉尼亚州的马歇尔大学，既没有常春藤盟校的教育背景，也没有在诸如通用电气、宝洁或谷歌等大公司工作的亮眼起点。他最初是一名记者，在兢兢业业多年后晋升为CEO（在通常情况下记者的职业轨迹不会通向CEO，但正如本章后面将会展现的，或许二者之间是存在联系的）。即使在我们极具多样化的CEO的样本中，吉姆·史密斯也显得与众不同，他的友善和开放非比寻常，而且看起来毫不装模作样。

也许不同于我们遇到的其他CEO，吉姆从成为CEO那一刻开始就已经要为无穷无尽的变化做准备。

"我很早就意识到，如果我要成功，那么唯一要建立的是即使在我离开后很长一段时间也可以不断改变的一种文化、组织和团队，"吉姆说，"为了跟上外部市场的变化，我必须尽可能快地绘制出组织路线图。"

如果你深入观察他早期职业生涯的细节，就会发现他一直在磨炼自己在不适面前不可思议的应变力。所有白手起家的故事开头一般都会设定一个基本的预期，即一切都是来之不易的。同样，吉姆早期职业生涯中的一个特别的故事让我们眼前一亮，它可称得上是彼时一个具有决定意义的时刻。

那时的吉姆刚刚开始自己在汤姆森公司的第一份出版工作，多年后公司收购了路透社从而成为全球最大的金融新闻供应商。吉姆所在的业务部门首次没有完成月度广告营收目标。他和团队竭尽全力尝试销售更多的广告。他们向行业外部寻求点子，首次将百货商店的"买一送一"的促销手段引入到报业中。

然而他们打破常规的想法并不奏效。

"我们仍然没有完成目标！"吉姆轻松地笑着说。

吉姆并没有放弃。他在第二个月里抱有更大的决心，坚定地认为执行团队会找到办法。他没有因为上一个月度糟糕的业绩而感到失败或羞愧，而是专注于应对挑战。他们锲而不舍地打电话，进行公关，抛出新的办法，并在不久之后重新超额完成了目标。"让我们厘清一下，大减价从未奏效，"吉姆告诉我们，"但是别的方法起作用了。而重要的是我们在第二天会继续战斗。"

吉姆从这段经历吸取的经验是："你不会每次都赢。你甚至在大部分时间里可能都赢不了。有很多东西超出了你的掌控，那么你如何才能绝地反弹？你从中学到了什么？你会变得更好吗？你变得更强了吗？"

我们认识的CEO平均一周就会对某件事感到不适，每一位都会抱着一大堆近乎灾难的问题来向我们求助。如同现今掌管全球媒体集团的吉姆·史密斯一样，这些领导者也同样要学习面对改变带来的不确定性。他们把恐惧转变成勇气和好奇心。

最近我们的埃琳娜正在为一位新任CEO做辅导，他正面临一个非常具有挑战性的境况。这位CEO说："我需要提醒自己，我以前曾感到不适但最终还是获得了成功。我明白这一点后便可以放松心态，并且明白新的东西总会产生不适。"我们曾与无数成功的领导者合作，他们已经学会了如何增强他们的**应变**能力并且接受未知带来的不适。那么他们采取了哪些不同的做法？他们如何强化应变力和快速复原的思维模式？

1. 他们积极寻求创新

如果你还没有准备好在日常工作中成为应变力黑带选手，我们还有更安全、更有趣的练习方式。在个人生活中接纳新的习惯、技能和经验可以让你更为安全地锻炼适应能力。例如，ViaWest的CEO南希·菲利普斯（Nancy Phillips）告诉我们，对于自己成为CEO最为有益的磨炼并不是发生在穿职业套装的时候。她曾花费三年的时间在世界各地旅行，其中一个月是在中国，在那段时间里她周围没有其他西方人。"我每天必须学会如何生存。"她说。不适是永恒的，每一次全新的体验都需要一个迅速的回应。在世界各地冒险所需的费用和时间或许不适合所有人。学习一种乐器、一种新的语言，或者简单地选择一种新的爱好都是有利于提高应变力的简单且低风险的方式。它不会让你在一夜之间成为商场中具有胆魄的应变者，但它会有助于你的成长。

2. 他们衡量工作的标准不仅是薪资级别，还包括经验上的收获

接受我们访谈的数十位CEO，特别是那些将在第6章中出现的许多比普通人更快到达巅峰的人，都曾做出"曲线的"、非传统的甚至是冒险的职业举动。已经退休的雷诺兹美国公司（Reynolds American, Inc.）CEO苏珊·卡梅伦（Susan Cameron）就是其中之一。她告诉我们，接受一个"次要"角色的决定——从全球品牌总监到市场营销高级副总裁——使她跃升为CEO。进入陌生的角色增长见识和在危机中锻炼领导力是我们通过研究发现的成功CEO具备的两大特征。当苏珊辅导自己的员工时，她所关注的头号技能就是对不同体验的开放性——迎接新的挑战并征求反馈意见，以便日臻完善。

3. 他们获得了全新的技能

SaaS（软件即服务）类型公司Higher Logic的CEO兼共同创始人罗

伯·温格（Rob Wenger）告诉我们，他最喜欢的事情是编写软件。但在担任CEO两年后，他意识到自己必须更积极地与客户打交道。"长大后，我无法在一群人面前讲话。我只是通过不断做不敢做的事情而有目的地改变了。这种做法让我发生了很大的改变，连我自己都感到惊讶。十年前的我还对晚餐派对感到恐惧，而现在我可以走进去和每个人侃侃而谈。所以现在我选择想要的特质，然后采取行动。"罗伯还强迫自己练习身处人群之中，参加令自己恐惧的活动。"我最好的朋友里科非常外向。他会让我去参加各种社交活动，我会给自己安排点活儿，比如播放音乐。"罗伯不停锻炼强化这种"社交"肌肉，直到它变得强壮自然。在他的领导下，公司在五年内平均年增长率达到44%，并获得了大量的私募股权投资。应变型领导者努力获得他们没有的全新技能。无论他们在起初感到多么尴尬或不适，他们都会走上拳台进行练习。

4. 他们愿意舍弃以前奏效的方法

我们大多数人会认为当面临不确定性时，最大的挑战就是如何制定正确的策略。事实上，大多数应变上的失败都归咎于领导者未能舍弃曾让他们成功的事物。柯达公司的一名工程师发明了世界上第一台数码相机，但公司的高管层却将它弃之不理达18年之久。百视达则错过了三次收购网飞（Netflix）的良机。

1983年，英特尔面临着一个真正重大的"进化或灭亡"的挑战。该公司一手创建了内存芯片市场。这是他们的成就。然而在1984年到1985年，他们的利润从1.98亿美元骤降到了200万美元。日本的很多公司已经将芯片转化为商品，并且可以轻而易举地击败英特尔。对于当时仅靠内存芯片安身立命的英特尔而言，这不只是一场金融危机，更是一场生死攸关的危机。

　　当时的英特尔创始人兼总裁安迪·格罗夫（Andy Grove）在《唯偏执者生存：如何利用每家公司面临挑战的危机》（*Only the Paranoid Survive: How to Exploit the Crisis Points That Challenge Every Company*）一书中回忆了当时的情景。经过数周让他倍感无力的焦虑沮丧后，他站在一扇窗户旁凝视着远处的摩天轮。那一刻，他抛却了细节，抛却了危机带来的恐慌，甚至抛却了自我。正是站在那个高度，他向CEO戈登·摩尔（Gordon Moore）提出了一个从此改变英特尔的清醒的问题："如果我们被踢出局，并且董事会任用了一个新的CEO，那个人会怎么做？"摩尔毫不犹疑地回答："新任CEO会让英特尔放弃内存芯片业务。"格罗夫盯着他，愣了许久。"为什么你和我不走出门，然后回来亲自这样做呢？"他答道。他们正是这样做的。英特尔关闭了内存芯片业务，转而制造微处理器，从而开辟了一个新的市场，市场规模从40亿美元飙升至1970亿美元。

　　如格罗夫一样，我们所知的最成功的CEO都善于放手，无论这是否意味着抛弃公司以往的战略、商业模式或他们的个人习惯。自2012年以来，普林斯顿神学院（PTS）院长克雷格·巴恩斯（Craig Barnes）在前往大学就职之前，曾担任多年的牧师。作为一名牧师，他的使命是在人们需要的时候出现并给予援手。当他成为神学院院长后，他将在教区内与居民建立起来的令他非常享受的一对一的领导方式引入学院。他无时无刻不在，并随时准备提供帮助。在这份热情的驱使下，他的办公室的大门永远对外开放，访客络绎不绝。但他很快意识到，他不可能永远靠把所有的时间花费在一对一的会谈上来完成自己的任务——重建神学院以服务于日益全球化、多样化和数字化的世界。那些亲密的个人互动已经成为他的舒适区。它们点燃了他内心的激情和作为牧师的使命。然而一旦成为院长，这些会谈让克雷格没有多少时间思考并制定学院迫切需要的愿景。他最终和助理坐了下来，将所有时间用于处理日程上需要完成的战略和行政工作，并持之以恒。

许多以某种匠人角色开启职业生涯并且对工艺充满激情的人必须放下以往让我们取得成功的做法，才能担负起领导角色。如果认为这可以轻松实现，那就错了。改变任何习惯都很难，而改变我们所喜爱的习惯，那些曾带给我们能量并激发我们激情的习惯尤为艰难。我们看到许多领导者渴望改造他们的组织，但他们强烈反对不再出席通常喜欢参加的会议，或者不愿在花费时间和精力方面做出看似微小的转变。克雷格放弃并改变自身习惯的意愿为他和普林斯顿神学院都带来了回报。在他的领导下，神学院得到蓬勃发展：学生数量增长了30%，学院士气大大提高，并且推出了一些新的学术计划。

杰出的领导者，无论他们的头衔是什么，都在不断改变——他们日益精进、与众不同、更富远见。在这种不断学习的行为中，他们在不适面前越来越从容自在。

危险信号：控制狂

山姆（Sam）是一家零售制造商的继任CEO候选人之一，作为总裁的他接受了360度测评。金问道："你是否与你的直接下属分享了这次成绩？"这位高管答道："嗯，不。这会表明我很差或者无法自制。"我们则主张，如果你不愿意为了继续学习的需求或在需要放下的事物面前示弱或坦诚相待，那么你就还没有准备好成为CEO。以开放的心态对待学习目标表明你愿意学习和获得成长，而且这也会对你的团队产生激励作用。

▌培养对未来的敏锐度

许多员工和经理将大部分时间花在关注短期的承诺兑现，并且完成得不错。但是当成为CEO时，这个目标就远远不够了。为了使组织保持坚实有力的发展，CEO需要把目光投射于未来。

成为CEO后，领导者会花费比原来多一倍的时间来对未来一年进行思考。剑桥大学的苏切塔·纳德卡尔尼曾领导过一项研究，旨在揭示时间焦点对应变力产生的影响。这项持续了7年的研究经过对分布于19个行业的221家公司进行观察后发现，在动态行业中，如果一个CEO将大部分精力放在未来（而不是过去或现在），那么他所在的公司便能更快地推出新产品，这是对他们能否帮助公司与时俱进的能力的试金石。

对未来做出富有意义的洞察需要的不仅是三年的战略文件。财捷公司CEO布拉德·史密斯向我们描述了一次他接受的拓展时间格局的练习。布拉德和其他担任领导职务的学员在一次培训中要求说出一项如果在十年前采取了其他执行方式会让公司今天处于更佳位置的决策或战略，当然，这项决策或战略是由他们的前任制定的。"在这部分练习中，每个人都火力全开，迅速列举出那些'本来能、或许能和应该能'的决策或战略。哦，放马后炮的感觉棒极了！"布拉德回忆说，"但是在接下来的第二部分练习中，我们才深刻地理解了这一课的深意。我们被要求假设自己穿越到十年之后，并以继任者的身份对自己十年前的做法进行反思。这改变了我的视角，并让我意识到，作为CEO需要有不同的考虑。除了实现业绩这种短期目标，甚至在三到五年计划之外，我们还必须承担一种责任，就是我必须考虑自己今天所做的一切会对未来产生怎样的长期影响。"

大多数CEO都懂得兼顾短期和长期目标的必要性。我们所访谈的CEO将大量时间——超过40%（相当于每周两天）——用于思考长远的目标。相比之下，其他管理人员每周平均花费一天（大约20%的时间）用于进行长远思考。

那些能够制定最有效力的未来发展方向的CEO建立了一根用于应对变化的"天线"。这根"天线"是他们全面洞悉未来所投入的时间和资源。当然，有些CEO看起来天生就擅长高瞻远瞩。但对于其他人，我们会把我们所遇到的那些应变力最强的CEO所使用的最为有效的方法介绍给你们。

1. 建立各种信息网络

在预测未来时仅凭手中的市场数据是不够的。那些最擅长发现隐患和把握时机的人会将目光延伸到自己的企业甚至行业之外，以搜寻变化的信号。他们拥有极强的好奇心，认为一切事物在某种程度上都与自己的业务相关。最优秀的CEO会让自己置身庞大并看似毫无关联的信息流中，然后利用收集的一切信息并建立富有创意的联系，以在竞争中占据鳌头。纳德卡尔尼发现，对开放性给予很高评价的CEO在启动战略变革时更有效力。他们利用的网络和信息资源更广泛，因此能更早感知变化并采取借助这些变化的战略举措。

被以2亿美元收购的一家宠物制药公司的创始人琼·霍夫曼告诉我们，通过观察人类制药业的发展趋势，她能够了解到兽医制药在30年后的发展趋势。她并没有依赖当今兽医们的言论和文章，而是仔细观察数据趋势，洞察宠物主人的想法，然后对兽医领域可能发生的改变进行思考，正是这些使她能够在市场中保持领先地位。正如扬·罗比凯广告公司（Young & Rubicam）和兄弟房地产公司（Cousins Properties）前董事长兼CEO汤姆·贝尔（Tom Bell）告诉我们的那样："在当今世界，当你听到有人说'众所周知'时，他接下来要说的可能就是错误的，或者至少是有争议的。因为世界已经走到了'众所周知'的前面。"

这些CEO实现主动适应的一种方法是扩大对竞争对手的定义。他们的思考范围超越了自身所在市场的界限。迪士尼乐园（Disney World）对竞争者的定义不仅仅是其他主题公园，任何吸引父母和孩子注意力和娱乐的事物都被列为其竞争对象。海军特种作战中心（海军海豹突击队训练中心）——或许是训练应变能力最强的战士的地方——将"外展"作为其工作原则之一。他们会跨越有广泛影响的学科为各种训练寻找最好的专家。一名军官告诉我们："有时单单是与那些和你从事相同工作但供职于不同背景的人进行交谈就会使自己获得启发。在他们向你提问的同时会让你的盲点暴露出来，而你就会想说：'哇，我以前怎么没有这样想过。'"

建立一个多元化的网络，鼓励自己与来自公司以及行业外部的那些睿智、敬业人士进行定期的交流。创建一个"灵感源泉"激发你产生新的、意想不到的想法，并帮助自己从新的角度看待事物。把面临的挑战告诉别人并听取对方的意见。你可能会对自己的收获感到惊讶。做到这一点并不难。具有高度应变力的领导者每天都这样做，因为他们认为这至关重要。其他人则把这些排在待办事项的最后。

2. 借助问题的力量

最优秀的CEO并不认为自己无所不知。相反，他们倾向于提出最好的问题。当汤姆·贝尔担任房地产投资信托公司兄弟房地产公司的CEO兼董事长时，他抛出了一个在之后看来价值等同10亿多美元的问题。

兄弟房地产公司拥有大量的优质办公空间，包括亚特兰大的美国银行大楼。但在2004年年初，随着房地产价格的不断上涨，汤姆的一个直接下属告诉他，一位关键租户打算谈成一个较低的租赁费率。他们对此进行了调查，发现在兄弟房地产公司占领的许多市场中，以实际美元计算的租赁费率正趋于下降。汤姆对此提出了一个问题："其他市场的高级办公空间的租赁价格是多少？"这引领公司开始对数据进行深入挖掘。最终，他们发现下降趋势不仅仅发生在自己的市场——这几乎是全国性的。汤姆对这个信息进行了思考，并提出了颠覆性的想法："让我们把资产出售。"

这令公司团队感到大为震惊。但汤姆说服他们采取行动，在市场价格位于高处时卖出了略高于10亿美元的办公资产。兄弟公司的股东们获得了令人难以置信的股息——这在公共房地产投资信托基金的历史上是史无前例的。汤姆说："我记得其他房地产投资信托CEO打来电话问我到底在想什么。我当然也怀疑自己是否做出了错误的决策。"随后美国房地产泡沫破灭。随着美国经济崩溃，房屋空置率急剧上升，房地产价格和租金大幅下跌。2006年，汤姆以4.36亿美元出售的美国银行大楼在2012年房地产崩盘后被取消赎回权。它在2016年以约1.8亿美元售出。

事后看来，汤姆的决策似乎非常明智。但当时并非如此。他是怎么做出这个具有争议性的决策的呢？他以提问开始。当他听到一些让他对自己的假设进行预判的事情时，他暂且停下。随后他建立起一个事实基础。最后他采取了行动。

汤姆·贝尔在年轻时就学到了一个很好的方法。在他职业生涯的初期，经验尚浅的他便获得了破格晋升。一位良师益友把他拉进自己的办公室，并警告说他将会进行许多无法理解的谈话。"你必须领会他们话里的真实意图。你要做的是，他说：'首先，集中注意力。让他们把自己认为重要的事情讲述一半时打断他们。然后接着问，等等，告诉我为什么你认为这很重要？'这会迫使他们证明自己的说法并对假设、事实和逻辑进行描述。其次，要注意声明性的陈述。当某人以类似'众所周知……'或'我们都认同……'等这种措辞提出一个观点时，阻止他并提问：'等等，对此你有数据支持吗？'"

保有好奇心是具有应变能力的CEO的一个特点。它可以从一个简单的问题开始：是什么？怎么样？或告诉我更多！麻省理工学院的赫尔·格雷格森（Hal Gregersen）是一位世界知名的创新专家，他邀请每位领导者每24小时预留4分钟（每年总计一整天）用来提出更好的问题。早些时候，在讨论汤森路透的吉姆·史密斯的案例时，我们声称新闻业是通往转角办公室的一条有前途的道路。我们为什么会这样说呢？嗯，还有哪种职业比记者更擅长提出具有探究性和洞察力的问题呢？吉姆告诉我们他的好奇心——包括与生俱来的对世界运转方式的好奇，也包括在工作中培养的好奇感——是帮助他成功跻身最高管理层的最为重要的因素之一。当前行的道路变得艰难时，勇者会打开他们的笔记本，提出疑问并从中学习。

3. 在事后检验之前进行"预先检验"

在拥有了无限的可用数据和洞察的方向后，那些有志于获得独立办公室的人如何甄别信号与噪声呢？吉恩·韦德（Gene Wade）是OneUni公司的联合创始人兼CEO，该公司开发的应用程序可以让全世界的学生通过手机获得远程大学教育。吉恩对于适应瞬息万变的环境所带来的痛苦习以为常。"在我以前的公司Platform Learning中，我们创建了这项伟大的业务，它的发展速度极其迅猛，快如火箭，但它的根基却像流沙。"吉恩告诉我们。监管环境转变得如此之快以至于他们经常无法捕捉到新的变化。

回首往昔，吉恩意识到他之所以失去方向是因为他两耳不闻窗外事。问题在于他的敏锐度丧失了。"我只是忙于扩大业务，以至于疏忽了这些规定。"如今，他积极领导团队进行他称之为"预先检验"的实践，以便调整天线在嘈杂的环境中捕捉到信号。他经常会与团队一起探讨："假设已经过了18个月且我们失败了，所有可能的原因会是什么？现在想象我们获得了极大的成功，告诉我发生了什么。"一旦他们设置了失败的场景——而且对吉恩来说，这不是必然发生的，只是可能的场景——他们会为每个问题列出一个信号清单：需要跟踪哪些数据、新闻或趋势才能避免这个问题？今天可以采取哪些措施来增加未来获得成功的可能性？

谨防认知超载

经济学家赫伯特·西蒙（Herbert Simon）认为人类的大脑具有严格的"认知极限"。他做出了令人难以置信的预见："过于丰富的信息会造成注意力的缺失。"我们发现，在有效地适应变化方面，平庸的管理者和那些跻身顶端的管理者之间的一个区别就在于能否让自己免受认知超载的干扰。CEO唐·齐尔（Dawn Zier）是善于处理这种平衡的佼佼者。唐自2012年年底以来一直担任Nutrisystem的CEO，当时的她正着手实施一项雄心勃勃的四点转变和增长计划。最终，在唐的领导下，Nutrisystem迈向了复苏。

唐毕业于麻省理工学院的工程系，本身具备极强的思辨能力。当她进入名为Nutrisystem的电子商务公司时发现很多决定都不是基于事实做出的，但另外可用数据却是如此之多，她对此感到惊讶。"在早期的时候，团队会做一种实际上只能算是数据转储的工作。他们提供了无数的数据电子表格，却没有辨别出具有重要意义的关键数据点。他们无法对过程进行说明，也不能为手头要做的决策提供所需的关键见解。随着团队日趋成熟，我们开始开发数据仪表板对重要数据进行关注。也就是在那时激动人心的时刻到来了，数据中隐含的强大潜力开始显现，变得非常有力。"置于清晰背景中并由关键问题塑造的数据开始为Nutrisystem提供真正的知识和未来路线图。

4. 洞悉客户体验的水晶球

在我们的研究对象中，那些成功的CEO会把大约20%的时间花费在客户身上，即使在他们很难抽出时间的情况下。依据我们的观察，他们成为CEO后，也并没有因此减少在客户方面花费的时间。他们意识到必须亲自与市场进行接触，这是别人无法替代的。客户并不总是清楚自己的需要以及如何表达需要。因此，能够从市场中获得最佳见解的CEO们最关注的是客户的体验，并从中寻求解决方案。

2005年，与我们协作的一位CEO马库斯（Marcus）掌管了一家家族企业，这家企业是欧洲建筑行业的领先供应商。马库斯在走访客户的建筑工地时脑洞大开。在一次走访中他同时碰到了一个问题并发现了一种可能性："地上到处散落着那么多的钉子。它们大批量地被供应，但消耗速度要比规划者预想的快。对于像钉子这样的低成本产品，他们很难准确预测需求的时间以及数量。这些产品的供应商激烈竞价。就在那一刻，我发现客户的首要问题不是定价。他们的首要问题是在需要的时候能获得正确供应的数量，以确保其员工的生产效率。"马库斯意识到，对建筑商而言，建筑工地上闲散工人的成本要比一箱钉子的价格高得多。

马库斯的解决方案是调整他们的商业模式，在客户的建筑工地上开设商店，这样客户就可以根据需求随时购买自己所需的产品。通过这个策略，他提供了直接的采购渠道并获得了更多的利润，而此时他的竞争对手仍将注意力集中在定价上。马库斯通过亲自走访客户，弄清楚有效的和无效的做法，找到了一个对提高盈利具有重要意义的机会。

应变力行为测评

自测：

◎ 我现在感到不适吗？原因是什么？我是如何实现自我成长的？

◎ 我上次做出哪些方面的改变——产品、流程、实践——让我或我的企业在过去获得了成功？

◎ 我这样做是否只是因为感到舒适，还是因为情况所需？

◎ 我是否以开放的态度听取不同的意见？

关 键 要 点

1. 训练你的应变力：挑选一项新技能或兴趣，让自己置身于觉得不舒服的环境或地点，在一个全新的领域工作或担任志愿者。

2. 挥别过去：进行一年一度的"春季大扫除"。询问自己和团队，哪些习惯、做法和预判会在今天和未来对你造成阻碍。挑选最令你感到轻松或最有价值的一项放手。随它去吧。

3. 培养对未来的敏感度：

◎ 创建一个"灵感源泉"：一个包含不同领域人员的网络，让你接触到意想不到的新想法和信息，并帮助你以崭新的角度看待事物。

◎ 每个月至少安排两次"前瞻"时间：留出专门时间用以思考宏大蓝图和展望未来。选择一个地点、时间和条件，使你的思维处于最佳状态以获得洞察力。

◎ 充分融入客户体验：定期花时间走访客户。

◎ 保持好奇并提出问题。

综　　述

　　本书第一部分讨论的四种CEO基因组行为中的每一种都被视为与众不同、自成一体并具有同等的重要性。实际上，它们是相互关联的。例如，你可以以不懈的可靠精神构建企业管理系统，但是很容易就会屈从于流程。然而，在拥有同样强大的"应变"能力的情况下，你会主动地尝试摒弃那些无法继续满足不断变化的客户需求或竞争环境的流程。亚马逊集团（Amazon）董事会主席兼CEO杰夫·贝佐斯（Jeff Bezos）在他2016年的股东信中对此进行了最好的阐释："如果你不加以留意，流程就会成为阻碍。你不再关注结果，而只是确保流程准确无误。然而，一个更有经验的领导者会将糟糕的结果视为机遇，用于对流程进行调查和改进。"当你希望以坚定的信念快速做出决策时，强令组织草率通过这个决策看起来不是什么难事，但会导致协调统一的缺失和执行失败。然而，如果你拥有从交际中创造影响力的强大肌肉，那么你就能了解关键的利益相关者的需求并缜密地使其行为与自己的意向保持一致。

　　第二个现实是环境具有重要的意义。四种CEO基因组行为的相对重要性会因行业、公司和时间点的不同而存在巨大差异。例如，在一家技术创业公司中，如果它的CEO缺乏适应能力，很难想象这家公司会欣欣向荣。再者，如果一家医院的CEO无法在医院的一切事务中做出践行可靠性的承诺，那么你也不想去这家医院就诊。

要取得极大的成功，你最强的行为能力应该与最需要的行为能力相匹配，这样才能在经营中驱动价值的实现。即使你有弱点，你也可以通过在长年累月中建立自己的优势以及积极利用他人的优势来学习如何使自身获得发展。要与能给自己带来新鲜技能和经验的人共事。例如，Teach For America前联席CEO马特·克莱默（Matt Kramer）与我们分享了他的观点，尽管他在可靠地兑现结果和决策果断方面具有强劲的表现，但他仍会依靠其他人支持自己展望未来的能力，这是应变行为的一个关键因素："我必须定期与对未来敏感的人进行交流。我不能被只顾看着脚下的人包围。"

最重要的是，你不必非得成为一个超人才能挖掘自身的潜力，或实现向成功CEO的华丽变身。任何层级的领导者都不是完美无缺、无所不能的，没有一个人可以在我们所讨论的所有四种行为方面做出同样出色的表现。然而，CEO在掌握这四种行为时，在熟练程度方面确实需要达到一个基本的水平，并且要在其中的一两个方面具备显著的优势。在我们收集的数据集中，最强的CEO与我们分析的较弱的CEO相比，他们对一种以上行为掌握的娴熟程度是后者的十倍。他们中的许多人是通过发现自身薄弱环节，并经过一段时间的努力后使实力得以增强的。最重要的是，你可以随时开始对这四种行为中的任何一种进行强化，什么时候都不为迟。

为了帮助你明确判定自己在通往巅峰的道路上处于何种位置，并就今后如何改进提出建议，我们在www.ceogenome.com上创建了一个线上诊断。

PART 2

攀上巅峰：
夺下梦幻工作

1 变得
强大

2 问鼎
巅峰

3 取得
成果

职业推进器
脱颖而出
实现目标

第 6 章
职业推进器：加速迈向璀璨未来

只有蓦然回首，才能读懂生活；但唯有步履不停，才能继续人生。

——索伦·克尔恺郭尔

在自己14岁时的一天，斯科特·克劳森（Scott Clawson）树立了要成为CEO的目标。他的家族成员中有很多都是CEO，包括他的父亲、祖父以及他的兄弟。因此对于斯科特而言，掌控一家公司是顺理成章的职业归宿。自儿时起，斯科特就以勤奋和竞争力脱颖而出。他为自己设定了一条万无一失的道路，即追随家族的脚步以实现人生巅峰。斯科特以3.96的平均学分绩点毕业于杨百翰大学，随后进入父亲的企业工作，凭借两年的工作经验获得了哈佛商学院MBA课程的入学资格。随后他以前15%的优异成绩从哈佛大学毕业，这为他今后的平步青云奠定了坚实的基础。斯科特先后进入美国铝业公司和丹纳赫（Danaher）公司，逐渐施展更多的抱负，也拥有了更多的权力。在他42岁时，斯科特进入GSI

公司（译者注：GSI即美国Genemed Synthesis Inc公司，是美国知名的生命科学实验室试剂产品生产厂家），开启了CEO的生涯，对他而言这似乎是命中注定的角色。随后斯科特为GSI的投资者们击出了一记全垒打，仅在4年后他将公司以3.8倍的原始投资价格售出。而他在执掌水处理公司康丽根（Culligan）时，最终使公司成功被私募股权公司收购，为他的第二任CEO生涯画上了完美的句号。

　　此刻你或许会挠挠头说："这离我太远了。"那么告诉你，抱有同样想法的并非你一个。虽然斯科特的职业轨迹看似完美，但在阅读本书之后，你会发现它并非如你所想的那般普遍存在。事实上，在接受我们访谈的CEO中，超过70%的人在职业后期担任高级管理人员之前都不曾想过要谋求这个职位。换句话说，他们并没有将自己的职业轨迹规划为一级级通向CEO之路的台阶。大多数人都没有在通用电气或宝洁这种学院派公司工作的履历。大多数人也同样没有获得过精英商学院的MBA学位。然而，随着职业的发展，这些准CEO的抱负会越来越大。2014年，科恩·费里（Korn Ferry）对1000多名高层管理人员进行了一项研究，其中87%的人希望获取最高职位。

　　即使通过学习掌握了本书第一部分中介绍的CEO基因组行为，你或许仍然在面对职业选择时有望而生畏之感。如何知道哪条道路可以到达巅峰，而哪一条的末端是死胡同？我们已经对将近1000种通往CEO的职业轨迹进行了分析，这些内部研究可以助你成功。

　　这里有一条重点：你的职业生涯轨迹取决于两个产生乘数效应的因素——在正确的角色中取得业绩以及凭借业绩引起关注。本章将展示这些职业选择如何让自己在怀揣成为CEO梦想的道路上磨炼技能并展现出成为领导者值得付出的成就。在第7章中，我们将阐明如何让自己受到关注的艺术，以帮助你凭借业绩获得充分认可与职业上的成长。

启动职业推进器快速登顶

大多数CEO在职业生涯的初期并没有树立成为CEO的目标。尽管如此，我们在他们的路线图中还是观察到了一些规律。

以几年前我们为一家保健公司推荐的克里斯汀（Christine）为例，虽然以前没有担任CEO的经验，但她在不到12个月的时间里便使公司摆脱危机，转为盈利。

克里斯汀的父亲是一位驯马师，同时也是她的老板，自儿时起，她终日都要和父亲一起工作。她在大学期间全职在家中工作。从她的履历中看不到《福布斯》杂志中精巧描述的那种典型的"财富500强"的职业道路："毕业后获得相关工作经验，随后重返校园，在顶级大学取得MBA学位，接着进入贝恩或麦肯锡工作一段时间，最终跳槽到自己喜欢的公司担任领导者，并确保获得一些运营经验和国际知名度。"

克里斯汀从未获得过MBA学位，也缺乏管理咨询公司的从业经验，并且是从外部被招聘为CEO。然而，她的职业生涯故事与我们在近1000种通向CEO职位道路中发现的经历轨迹恰好相符。根据我们对CEO的分析，平均而言，他们从第一份工作到坐上CEO的交椅要花费24年的时间。在这条路上没有万能的方法。每个人的道路都是不可复制的。但是，我们在通往巅峰的道路上发现了几种常见规律，可以对你的选择提供引导。

CEO的职业生涯大致可以分为三个阶段。每个阶段在抵达顶峰的准备过程中都发挥着不同的作用。以下提出的许多见解对于任何想要寻求职业成长的人都大有裨益，无论你们的最终目标是不是成为领导者。

第一阶段：**追求广度（0至8年）**。CEO的职位要求一个人最终成为通才。在他们职业轨迹的早期，这一特征就已初露端倪。通过跨越职能、行业、公司和地域，他们在早期便开始拓展自己广博的技能和经验。在这一阶段，如果采取非常规的举措是相对容易的，风险也是最低的。

对于那些以大公司作为职业生涯起点的人而言，早期经历的多样性往往来自轮换计划，它为新员工提供了在不同业务领域一试身手的机会。在专业的服务公司中，为来自各行各业的客户解决不同类型问题的工作也起到同样的作用。在小型或创业公司工作也有机会涉猎不同的领域。一些CEO会在这个阶段攻读MBA的脱产课程或利用忙碌的工作间隙辅修在职课程。

至于克里斯汀，她最初是一名驯马师，后来曾教授金融普及课程，随后转做公司培训，并为一家健身公司开设新的零售店。

无论你的起点是什么，在第一阶段指导职业选择的关键是最大限度地拓展学习的广度和节奏，如果能与具备高职业素养的标杆人物直接接触是最理想的。如同早期的生活经历一样，早期的工作经历也会成为一个强大的印记，从而影响人们对事物的看法。因此，从不同的人、风格和形势中学习就变得更加重要。这也是建立有价值的基础技能的阶段，这些技能越早学习就越容易掌握，特别是解决问题、财务分析以及口头和书面沟通。

第二阶段：**追求深度（9至16年）**。如果第一阶段的首要任务是学习，那么在第二阶段中拿出可衡量的业绩是最为重要的。培养领导能力、拓展行业经验深度以及建立业绩记录通常需要花费9到16年的时间。在我们的分析样本中，CEO们有和他们希望领导的公司所处的行业相同的工作经验，平均为13至16年。他们利用这些年的时间致力于向直接影响收入或利润高低的总经理角色迈进。或许负责财务盈亏，或者成为销售、营销或运营的职能部门领导。最重要的是，他们要证明自己可以带领其他人产生可衡量的数字可观的业绩。超过90%的CEO在担任此职务前都拥有综合管理经验。平均而言，在担任CEO职位之前，他们一般拥有11年的综合管理经验。

克里斯汀最终成为北美业务总经理，负责一家健身公司投资4亿美元的零售店业务。根据卡普兰和瑟伦森对数据的研究结果，负责分支部门的财务盈亏工作是成为CEO最常见的敲门砖。

在第二阶段中，迈向强大CEO之路的职业故事会充斥着这些事例，例如，"我将西南地区从表现最差的区域提升至整个公司的前25%"或"我带领一个乏味的只会做PPT的市场营销部门为公司贡献了90%的新增的百万美元的销售额"或"我在墨西哥以创纪录的时间，并在预算范围内建造了工厂——这在公司历史上是前所未有的"。第二阶段要彰显因你的领导产生的可以衡量的影响和价值。

第三阶段：进入高层（17至24年）。在第三阶段我们会看到准CEO们的职业将发生巨大转变。虽然很多人仍然停留在实际的部门领导、中层管理人员甚至宝洁公司接线员的层级，但准CEO将作为企业领导者使自己有别于他人。作为企业领导者，他们会在结合环境和考虑对整个企业影响的情况下进行思考做出决策，而不是将个人观点仅仅局限于自己所在的领域，并且会在当前权力范围之外对业绩产生影响。在这个阶段，准CEO们会对整个公司的成功施加影响力。

当他们完成第三阶段时，也就是度过大约24年的职业生涯后，准CEO们通常已经担任过8到11个职位，即每个职位的任职期限为2至3年。他们同样有在4到6家公司的履职经历。在任命CEO时，董事会期待竞聘者能在这个岗位上干上10年。大约四分之三的职位候选人的年龄在40岁到54岁，只有5%的人超过58岁。许多人是由人事主管招聘进公司的。经过我们对91位在中型企业首次担任CEO的领导者的聘用经历做出的分析，他们中的30%是通过人事部门招聘进入公司的，就像克里斯汀。

更重要的是，当领导者在这个最后阶段成功发挥了越来越大的影响力，并在任何特定职务的常规权力外展现出首创精神时，在他们身上就可以看出准CEO的影子了。例如，一位副总裁可能会领导一项涉及全公司范围的创举，这要求他对同级和非直属下级的高管们施加影响。如克里斯汀，她曾为此主导了讨论、倡导商业案例并最终领导实施了整个公司范围内的企业资源计划，这也是当年该公司最大的一笔投资，它对每个职能部门和商业团队都产生了影响。在这一阶段中准CEO会将影响扩展到公司外部。他们在行业内部树立品牌，在当今的驱动性问题上采取明确的对话立场，并通过各种发言机会、媒体以及召集其他CEO和领导人进行沟通。

在通向顶峰的过程中没有现成的道路可借鉴，特别是对于那些位于职业生涯前两个阶段的人而言。无论今天的你处于何种位置，真正要铭记的是，不要把你的职业生涯单纯看作一连串工作的集合，你的每一次抉择要有助于建立完备的职业历程。

你的职业生涯历程是否已经为成为CEO做好了准备？

以下是我们在数百次曾经提供支持的CEO选拔流程中总结出的常见岗位要求。几乎没有哪一个应聘者能同时满足所有要求，但是如果一个人的职业生涯能满足其中至少五项，他将会更容易进入终选。

◎ 行业经验

◎ 类似规模的损益汇总领导力

◎ 具备强大的人员管理领导力的证明——在吸引和培养人才方面的表现（人们会参考你的Glassdoor评级！）

◎ 在相关背景下取得的成功，如在公司需要通过收购实现增长时的并购，如实现作为公司主要目标的经济增长等

◎ 拥有驾驭不同类型的业务问题和跨职能的丰富经验。例如，实现增长并提升运营效率

◎ 制定方向和支持变革的战略愿景和能力

◎ 具备运营和财务方面的敏锐头脑

◎ 具备与董事会和外部利益相关者合作的能力

◎ 国际经验（如有需要）

为了帮助你在构建完备经历方面做出最明智的选择，我们对60位领导者的样本进行了仔细研究，这些领导者获得CEO职位的速度更快，少于平均的24年。我们称他们为"冲刺者"。我们的研究团队深入分析了这些领导者的职业历史，以了解他们在职业选择和工作经历中具备的共同规律。不出所料，我们发现近四分之一的冲刺者曾从精英MBA课程中受益。但是更重大的发现是，他们中的97%（几乎是所有人！）都使用了我们所说的"职业推进器"。职业推进器可谓拐点，无论是在他们的个人能力还是在其他人如何看待他们的潜力方面，它加快了高绩效人士跻身最高领导层的速度。无论你是否拥有精英商学院的MBA学位或者大型公司的从业经历，都可以在职业生涯的任何阶段积极寻求并创建职业推进器以加速自身的发展轨迹。通过发现并抓住推进机会可以最终塑造自己的领导能力，你将提升自己更快成为CEO候选人的可能性，且无论你的目标是什么，它都能为加速事业发展提供助力。

▌ 职业推进器1：重大飞跃

　　在证明自己具备了CEO的胆略时，没有什么推进器比我们所说的"重大飞跃"更强有力的了。这是什么意思？接受一个与你之前的角色相距甚远的职位的挑战，或者是这个职位更为重大，或者是它会将你带入全然陌生的领域。随着巨大飞跃，你可能会发现一夜之间自己管理的人数是以前的百倍，或者担任了自己缺乏所需经验的角色。一次成功的重大飞跃可以证明你有能力在崭新的不确定的环境中茁壮成长。它表明你可以在更为复杂的环境中拓展领导能力并实现业绩。你获得一次重大飞跃的成功经历表明你拥有实现所有飞跃中最为重大的飞跃——迈向最高管理层，乃至CEO职位的技能、智慧和气质。

　　超过三分之一的冲刺者都曾经获得重大飞跃。大约有一半的飞跃发生在他们职业生涯的头8年。这些领导者主动寻找机会，在他们做好充分准备或开始准备之前就承担新的重大挑战。

　　克里斯汀的经历中包括两次重大飞跃。她负责入门培训工作的健身公司发展迅速并很快开设了新的健身中心。她首先进入入门培训岗位，教授现有的店员如何推销会员，随后转而负责中西部地区的损益汇总，接着自然地被提升为区域经理，运营一小部分城市健身中心。她之所以获得区域范围的运营工作是凭借自身的主动性。在一次年会上，她遇到了自己钦慕的运营副总裁。当时她对自己说，我要成为这样的人。她找到了那位女士，并向她倾吐了自己的职业抱负。

　　当部门领导了解到克里斯汀在作为一名培训师的时候就已经超越了自己的分内职责，对开设新中心的业务提供支持后，运营主管决定给她机会负责区域性的损益汇总。克里斯汀与我们分享道："我对自己说，我都干了些什么啊？我们的任务是增加每个中心的收入。当时的客户转化率和保留率较低，而成本较高。我被吓到了。但我在提升中学得很好。我进入角色道：'明年年会上我们要成为业绩最好的市场。'事实上我还让我的团队模仿走上领奖台的样子。"克里斯汀所负责的地区成为业绩表现位居第二的市场。她的团队真的走上了领奖台。她的成功飞跃为自己成为具有基层经验的副总裁铺平了道路。

四年后，克里斯汀在没有任何技术背景的情况下担任了CIO（首席信息官）。她回忆道："我明白在技术团队中，业务的定义是不同的，只有当你置身其中时才能意识到这一点。"跃升至一个新的职能部门的好处在于可以对更广泛的一系列职能具备深入的体察，这是任何一个准CEO都需要懂得并掌握的。

珠宝公司约翰·哈迪的CEO罗伯特·汉森也将其事业成功的助燃剂归功于重大飞跃。罗伯特出身卑微："经济上的不安全感是我的真正动力。我不想挣扎度日。"他获得了加州小型文理学院圣玛丽学院的奖学金，但他的文科学位还不足以获得顶级咨询公司的职位。因此他进入一家小型区域性公司担任研究分析师。随后，他通过为品牌李维斯提供分析工作迎来了一次重大的飞跃。正如他所言，他以总裁的身份在欧洲经营李维斯是"破格晋升"。他获得提拔是他主动与老板进行的一次谈话的结果，他提出了自己如何能够对组织产生更大影响的想法。

欧洲分部是李维斯的标杆分部，罗伯特接到这份工作时感到非常意外。但他接受了挑战。"在年纪轻轻时就运营欧洲分部令我感到惊讶并心生畏惧，"他告诉我们，"品牌所分布的范围包括9个国家群，涵盖了22个国家和文化，以及比这些数字还要多的语言。那一刻是我作为一名职业人士所遇到的最具变革性的经历之一……很多需要处理的事情都与CEO的角色有着异曲同工之处。它需要孤军奋战。能提供咨询的顾问很少。业务的很多方向是对外的。所有这些对我来说都是新生事物，并且需要未雨绸缪。"为了锤炼自己的决策力和从交际中创造影响力的能力，他利用导师和利益相关者的资源来弥补自己的经验不足。他实现了自己的业绩。3年后，该品牌收入下滑11%的局面得以扭转并获得了低位数的增长。

软件公司亚比拉（Abila）的前CEO克丽丝塔·恩兹利（Krista Endsley）的职业生涯基本上是以一系列重大飞跃为基石的。克丽丝塔属于那些罕见的CEO中的一位，她职业生涯的每一步规划都是源于内心的最终抉择。在她12岁那年，她就对外宣布了自己想成为CEO的目标。

克丽丝塔认为自己屡次获得重大飞跃是得益于勇于发问和直面不适："我的理论是，每个人都应该时刻保有一种稍微偏离于舒适区之外的状态，因为这意味着你正在成长。产生不适是完全自然的。"克丽丝塔走出舒适区的举动包括早期从市场营销转向领导产品管理："我不断地推动、推动、推动。从营销角色中走出，转而投身于产品管理和承担起某种责任确实使我的职业生涯步入了正轨。"产品管理工作使她成为一个价值2300万美元的分支部门负责人，负责向非营利组织销售财务软件系统。当公司决定该部门实现独立运营时，克丽丝塔自然而然地成为其CEO的不二人选。她迎接了挑战。她从私人投资者那里筹集到资金，并收购了一家同等规模的竞争对手，从而提高了市场地位并使员工人数增加了一倍。作为CEO，她将业务额扩大了三倍。

我们的观点是：如果你发现了一个实现重大飞跃的机会，要懂得把握时机，无论你是否具备足够的经验或勇气。更好的做法是，不要坐等时机的出现——去主动寻找它。

自己创造重大飞跃

锻炼你的"延展"潜力并不需要晋升或运气。以下是自己创造好运的方法：

◎ 在所在公司里寻求跨职能项目，增加对诸如销售、市场营销、IT、财务等部门的了解。

◎ 参与一次兼并中的整合。

◎ 志愿领导或参与一项最为优先的业务创举。

◎ 思考自己如何为业务做出最好的贡献。

◎ 向老板提出承担额外职责的要求，尤其是那些可以提高技能的职责。

◎ 在被要求做出回答之前主动寻找答案并解决问题。

◎ 培养迎接更大机会的习惯，即使你还没有做好准备。

◎ 在客户所在的组织中寻求建立更广泛或更高级别的关系，而不是寻求与自己同一级别人员的惯常关系。

◎ 把你的个人生活看作践习重大飞跃和打造新技能的一种方式：在市政府或学校董事会担任公民领导职务，担任领导角色的志愿者，甚至组建一个新的非营利组织，寻求公共演讲的机会，如果这对你来说是一个有很大发展空间的领域。

职业推进器2：严重的混乱

在通常情况下，加快职业生涯进程的最好机会来自一个看起来缺乏吸引力的方案：我们称之为"严重的混乱"。在我们的研究中，大约30%的冲刺者都在摆脱一场严重混乱中发挥了引领作用。它可能表现为业绩不佳的业务部门、一次失败的IT实施应用或一种被召回的产品。无论如何，这是一个非常重大的问题，而能够解决此问题的人将证明他能够在其他人失败的情况下可靠地完成目标。为了清理重大混乱，管理人员必须有能力辨别问题所在，拿出修复方案，然后施展从交际中创造影响力的能力，从而召集其他人共同实现业绩。解决问题的时间通常会很紧迫——其负责的公司完全或部分处于危机之中。必须在压力下快速做出决策。只有勇于承担风险，在逆境中坚韧不拔，并且在前景混沌的情况下制定前进的方向，才能学会如何带领其他人在这场混乱带来的不确定性中转危为安。

当我们向受访者询问如何培养对在CEO岗位上获得成功起到至关重要作用的行为时，大多数人都会提到带领团队渡过危机。正如Teach For America的CEO艾丽莎·维拉纽瓦·彼尔德所言："人们只有在最艰难的险境中才能真正看清楚自己的能力。你必须深入挖掘，从而最终搞明白自己究竟是怎样的人，自己的价值是什么？"

以孕育强大领导者闻名的诸如通用电气、百事可乐、丹纳赫等大型公司会有意利用严重的混乱作为培养未来高管的机会。他们会让相对缺乏经验但又有才能的管理人员负责业绩低下或破产的业务部门，以观察他们的举动。向我们寻求建议的许多CEO都将处理严重混乱视为职业生涯中的一个重大转折点。事实证明，强大的CEO在压力中百炼成钢。

你不需要坐等利用严重混乱的机会。去主动寻找。一位名叫布鲁斯（Bruce）的CEO就是从一个不寻常的来源中找到了这样的机会：一则报纸上刊登的广告。西海岸的一个大的都市郡发布了一则广告，为该市招聘首席行政官——市政府版的CEO。这是一个拥有2万名上班族、财政收入为40亿美元的郡,并且已经破产。

布鲁斯从这则广告中嗅到了商机。当时,这位前海军陆战队士兵正在一家航空航天和国防公司担任管理者。他在公司内部获得了晋升机会,招聘人员也正在做决定。但是布鲁斯觉得未来的副总裁职位离自己希望经营企业的最终目标相距甚远。因此他应聘并担任了该郡的首席行政官。

在那段岁月里,布鲁斯在财务上完全实现了好转,在当地媒体的密切监督下,他让剧情随着他的举措发生改变。为了获得急需的现金,他在严峻的政治压力甚至死亡威胁下将垃圾运输服务私有化。布鲁斯将行政费用资金转移到有利于纳税人的项目。例如,在下午开放中学为孩子们提供安全的空间,并且将预算提升五倍用于降低婴幼儿死亡率。在两年多的时间里,布鲁斯把这个郡的信用评级从垃圾股提升至令人尊敬的A-,使其能够获得更有利的贷款条件。布鲁斯的成功为他在郡纳税人协会名人堂中赢得一席之地,并为他带来了最高管理层的职位机会。如今,布鲁斯已经成为一家财富500强技术服务公司的CEO。

渡过严重混乱的危机堪称一个很好的测试场,可以同时对四种CEO基因组行为进行评测。它是锻造决策力的一种非常棒的方式。没有人比尚蒂·阿特金斯(Shanti Atkins)——一位由律师转行的CEO更明白这一点。当时的尚蒂正以劳务律师的工作勉强维持生计,当公司董事长知道她对技术感兴趣后,要求她帮助建立一个名为ELT的相关业务,这是一家致力于线上合规培训的科技公司。尚蒂在投入产品开发和市场定位的同时,依旧以律师的身份从事日常工作。2000年,随着市场的崩溃,许多公司在经济危机中未能幸免于难。ELT失去了最后一轮资金,并进行了三轮裁员。公司命悬一线。尚蒂回忆道："当我被任命为CEO时，公司只剩12个人了。这是一个极度动荡和充满压力的环境，但当时的我既年轻又幼稚。我毫不犹豫地接受了这个职位。"当时的任务是为企业的资产寻找买主，并基本上放弃业务。"但我开始对产品和其潜力感到痴迷。你应该见过我的公寓。里面到处是关于产品的示意图和想法。我执着于这样一个想法，即我们并不非得要关闭公司，产品很好，市场也在那里——我们只是犯了一些执行方面的错误。"

　　最终，尚蒂令公司重新启动并将营业额从几乎为零增加到1亿多美元。当回首往事时，她说："我喜欢快速做出决定。这对一位曾经的律师而言是很有趣的。但这又说回到了危机。在危机上占领先机让我有机会锻炼快速决策的技巧。"尚蒂应用了一个决策规则，"如果我必须在30秒内做出决定，我该怎么做？"危机带来的压力会使由于任何错误决定导致的预期损失发生改变。另外，没有时间优柔寡断。

　　对于那些觉得自己被委派的工作不如意的人来说，可以采取这样一种策略：承担没人想做的工作。这是没有人觉得重要的工作——除非你看到并意识到使其成就精彩的潜力。这是没有人愿意用自己的职业生涯冒险的艰苦工作。而通常情况下，只有在出现严重混乱时，管理上的层级系统会为挺身上前的人闪开一条路——敞开那些不会自动出现的机遇之门。

▎职业推进器3：以退为进

　　规模较小的公司往往能为加速职业进程提供机遇。大型上市公司的新任CEO比中小企业的管理者拥有更多的经验，平均为4到6年。作为职业推进器的"小事"还意味着在现有公司内进行创新。根据我们的分析，大约60%的冲刺者在职业生涯中的某个时间点都曾担任过小角色。他们中的许多人在公司内部实行了一些新的举措，或者在某些情况下参与外部的新业务。这对于从零开始创造产品，创立分支机构或公司并展现自己在工作方面独具变革而言都不啻一个宝贵的机会。在这种环境下，人们通常会比在更稳定的环境中更快地承担起责任。而这会在此后让这些CEO候选人比起那些仅在可预知的层级或结构中工作，且从不建立业务系统和流程的高管和经理更具优势。

达米恩·麦克唐纳（Damien McDonald）是强生公司（Johnson & Johnson）的后起之秀。作为爱惜康（Ethicon）（译者注：全球领先的手术器械提供商）的全球营销副总裁，他将公司的业务增长从低迷的1%—2%提升为业内领先的3%—5%。他的老板很杰出，同样处于快速发展阶段，并受到最高层管理人员的尊重。岁月安好并蒸蒸日上。达米恩的表现令老板印象深刻，老板认定他为潜在的接班人。老板明确地告诉达米恩有希望接替自己的工作。有谁听到这个消息时会不高兴？问题是，达米恩不想成为老板的继任者："我对总经理的职务进行了考虑后觉得这并不是我想要的。"价值500亿美元的强生公司因为蔓延扩张导致分部、部门林立，利益相关者盘根错节，相互交织成拜占庭式错综复杂的企业矩阵。达米恩想成为一家价值为3亿至5亿美元的公司的CEO，这种公司就像赛车，可以灵活地前进和转变方向，而不是像跨洋邮轮那般尾大不掉。达米恩离开了强生进入捷迈（Zimmer）公司，这家公司的规模仅为前者的很小一部分，并且没有名气。他接手了一个2.5亿美元、因为业绩不佳而挣扎度日的业务部，其致力于为脊柱患者提供手术解决方案以提高对方的生活质量。这是一个学习如何成为总经理并表明自己能实现业绩的机会。结果，他的业务部实现了12%的同比增长，不俗的业绩表现为他赢得了集团高管和企业副总裁的职位，他进入了丹纳赫——普遍被看作未来CEO的摇篮——领导旗下一家由牙科耗材公司组成的价值15亿美元的集团。最终，达米恩希望在一家规模较小的公司就职的意愿为他带来了巨大的回报：2016年，他被任命为总部位于伦敦的医疗技术公司LivaNova的CEO。

克里斯汀曾向公司提出希望开设网上业务的机会，这同样成为她的"以退为进"的推进器。当时，公司的许多竞争对手已经开始建立强大的电子商务来销售健身产品，而她所在公司的在线业务却没有实现盈利。"我做出要以退为进的决定，"她告诉我们，"这很可怕。我不太了解这个领域，而且我必须学习。"克里斯汀成为构建性能指标、可重复流程和标准操作流程的高手——<u>可靠性</u>机制。"我立刻明白我们必须找到一种方法来拓展业务，"她说，"我需要某种系统，而且我必须创造它。"克里斯汀正在学习的是一种新的在线商业模式，因此她通过广泛征求意见和建议增强了她的<u>应变能力</u>。她咨询了所在机构以外的职能部门，比如企业的财务团队和营销部门，比同龄人更具包容性和外向型的思维使她赢得了声誉。她向已经开展了线上销售业务的相似行业的同事进行电话咨询。"我拿起电话打给Boston Market和Gap，并通过走访他们的呼叫中心进行了解。我学习其他行业的经验。我不得不逼迫自己采用不同的眼光，"克里斯汀说，"我们最终实现了盈利。"事实上，在她着手进行推动后，公司的业务额翻了两番。

自2016年以来，3D Systems的总裁兼CEO维奥米什·乔希（Vyomesh Joshi）通过早年在惠普（HP）从小处做起的经历迅速启动了自己的职业生涯。1993年，维奥米什是一位著名的研发经理，负责管理位于圣地亚哥和巴塞罗那的大型实验室和拥有200多名大幅面打印机研发工程师的团队。如果依照可预见的"安全的"职业轨迹，维奥米什将会管理一个更庞大的团队。然而就在那时，他的老板安东尼奥·佩雷斯（Antonio Pérez），当时的惠普高级总经理［后来的伊士曼柯达公司（Eastman Kodak）CEO］为他提供了一个机会，即作为营运经理从零开始创建多功能打印机业务。虽然现在"一体式"打印机已经很普遍了（你家中可能就有一台），但在20世纪90年代初，它们代表了惠普的新领域。但是这个职务几乎没有下属，也不提供任何成功的保证。维奥米什认真考虑了这个具有冒险性的提议，表面上看起来它像是一次降级或者至少是职业定位的偏离。但是，在有机会开创新事物并为惠普做出重要贡献的内心感召下，维奥米什最终接受了这个职务。

维奥米什对冒风险并不感到陌生。在二十出头的时候，他就不顾家人的强烈反对卖掉了自己的所有东西，只身前往美国攻读工程硕士学位。维奥米什回忆起自己初次踏上异国土地的情景："我在纽约肯尼迪机场降落。我觉得口渴，这时我看到一个饮水器，但我不知道怎么用。一位女士告诉了我操作方法。"与来到一个新国家所要经受的风险相似，承担这项鲜有人涉足的任务的风险也为维奥米什赢得了回报。他将多功能打印机的市场价值从零提高至1亿美元。之后，他再次从头开始，成功为惠普设立了家庭影像部。

在陆续取得成功之后，1999年，维奥米什获得重大擢升，开始负责90亿美元的喷墨业务。到2001年，他成为执行副总裁，负责190亿美元的影像和印刷集团。2016年，他上升的职业发展轨迹达到了最高峰，他获得了3D Systems公司CEO的任命。1993年开创多功能打印机的有风险的小角色成为维奥米什攀登顶峰的强大推进器。

▍滑铁卢：诅咒还是考验？

可以肯定的是，职业推进器存在风险。向高层晋升的职业历程往往会遭遇滑铁卢——比有意义的错误严重得多的失败。我们遇到的典型溃败可谓各种各样，包括解雇、监督一项财务损失惨重的新举措到做出一个备受瞩目的糟糕决策。在我们的样本中，约不到一半的CEO在他们的职业生涯中经历过一次溃败。令人惊讶的是，这些溃败对他们受聘为CEO的可能性或者担任CEO后的表现并不会产生明显的负面影响。

那些赞扬冒险美德的、鼓舞人心的演讲经常见诸大学的毕业典礼、职业咨询专栏和辅导谈话中。我们都听到过比我们年长几十岁的成功人士们在今天的安全港中笑谈他们曾经的苦难。我们还经常听到朋友们讲述历经事业灾难的梦魇。我们如何知道应该承担哪些风险以及如何将溃败变成珍贵的"教训"而不是职业灾难呢？这里有几个指南。首先，在职业生涯中遭遇几次不同的溃败并不会使你失去成为准CEO的资格。重蹈覆辙才会。其次，溃败发生得越早，代价就越低。最为重要的是，在获得领导力技能和获选成为CEO方面，溃败本身并不特别重要，重要的是你如何处理它们。

如何处理溃败对于任何领导角色的成功都具有至关重要的意义。我们对CEO评估的分析揭示了两个常见的错误。第一个常见错误，将溃败视为失败的CEO候选人如果成功获聘CEO，他拥有强劲表现的概率与那些把挫折看作学习机会的领导者相比会减少一半。正如我们在第2章中所描述的那样，避免说出"失败"这个词对于这些CEO而言并非是一种有利于自己的陈述。它反映了他们的真实态度：错误并非令人恐惧的尴尬，它具有必然性，可以为未来的改善提供最可靠的基础。

我们在很多有潜力成为CEO的人身上看到的第二个常见错误是他们在为溃败承担责任上持犹疑态度。在我们的访谈中，他们会转嫁责任，将任内的失败归咎于外部因素或者指责他人。我们的数据显示，责备他人的候选人获得被第三方推荐聘用的机会会降低。

那么最优秀的候选人和CEO们是如何做的呢？他们直面事实，承担自己的错误，并主动总结经验教训，思考如何调整自己的行为和决策以最大限度地减少未来重蹈覆辙的可能性。安妮·威廉姆斯－艾瑟姆（Anne Williams-Isom）是哈莱姆儿童区（Harlem Children's Zone）的CEO，哈莱姆儿童区是一家非营利组织，致力于终结中哈莱姆区的代际贫困。安娜凭借自身的领导力赢得了赞誉——这并非一件易事，她是在仿效该组织深受爱戴的偶像级创始人杰弗里·卡纳达（Geoffrey Canada）的过程中进入这一角色的。

安妮真诚而直率。当你和她坐在一起时，你很快就会感觉到她非常在意自己的行为。安妮成长于单亲家庭，她的童年充满混乱。安妮的母亲是个有勇气的人，她是长岛犹太医疗中心的第一位非裔美籍移民护士。这个家庭经受了很多挫折。我们有钱支付汽油费吗？我们有能力供孩子上学吗？安妮经历过生活的艰难困苦。她毫不犹豫地与我们分享了她所遭受的最大的溃败。

在为杰弗里·卡纳达担任COO期间，安妮的任务是负责处理可能发生的悲剧。这次纠纷最开始只是源于两个七年级学生之间发生的冲突。通常情况下，这样的事件将由校长和课后工作人员处理。在从校长那里了解了最新消息后，安妮认为情况正由学校员工妥善处理，于是在当天离开了。

不幸的是，这次安妮的团队没能避免冲突的升级。认识这些女孩的成年人出现在学校准备殴斗，整个形势从紧张演变为危险级别。当事件升级时，安妮并不在场。不久之后，她接到CEO的紧急电话，告诉她情况并未解决。安妮立刻返回，最终遏制并解决了危机。虽然一切都得到了顺利解决，但对安妮来说当时的情形宛如千钧一发。安妮觉得正是因为工作人员遇到了意料之外的情况才使孩子们的安全陷入了不必要的险境。

事后看来，她发现自己严重低估了当时的风险。安妮并没有因为这个错误裹足不前，而是利用当时的痛苦从中吸取宝贵的经验，并使自己成为一个更强大的领导者。首先，她从中得到了关于应急计划和风险缓解的教训。在此之后，她开始执着于提问以预测风险。其次，她吸取了关于责任的教训：在一些特定时刻——安全风险占据主要位置时——领导者需要出现在现场。今天，这些经验教训已经融入她的领导力和她为团队设立的执行规则中。

安妮是一个完美的榜样，她展示了如何通过学习型的思维模式使溃败成为重要的领导力基石，而不是被隐藏起来的缺陷。从最艰难的经历中吸取教训使安妮获得了这个备受赞誉的机构的CEO职务，该机构正在成功改造近百个中哈莱姆区。

如何在推进后实现软着陆

推进器是一种具有高风险、高回报的职业选择方式。那么如何确保推进器能够推动你向上，而不是跌落到外面呢？

◎ **与支持者结盟**：与见证你的成功并对此进行投资的人一起承担风险可以提高你在冒险任务中失败的赔率，这将被视为奇才异类的做法，以及从其他强劲轨迹中吸取的一种宝贵经验。

◎ **让高层管理人员在所涉及的风险上达成统一**：获得关于成功概率的多重视角。确保主要高级领导，包括高于直接上司一到两个级别的人士清楚你为了企业的利益正承担额外的风险。你已经同意接受一个巨大的挑战，即使将来失败了，从中吸取教训也是有价值的。

◎ **确保拥有所需的资源**：评估并获得实现业绩所需的预算和人才，并确保为了推动结果自己拥有制定必要决策的权限。

◎ **保持联系**：与自己的人际网络保持积极的联系，即使它与你目前的角色没有直接关系。定期与高级参与者进行沟通和咨询有助于避免出现意外，并可以帮助你在做好前进的准备时明确所要承担的下一个角色。

对于发展事业这场战斗而言，做出正确的职业选择只是成功的一半。你可能在CEO基因组行为表现方面卓尔不群，并借用所有职业推进器获得了成功，但如果没有受到关注就没有太大的意义。以正确的方式和正确的人建立关系和可见度与你交付的业绩具有同等重要性。在下一章中，我们将阐释准CEO如何引人注目的方法。

关 键 要 点

1. 在每个阶段优化你的职业选择：

◎ 第一阶段（职业生涯的前8年）：进行广泛和快速的学习。

◎ 第二阶段（9—16年）：展示可衡量的业绩。

◎ 第三阶段（17—24年）：成为企业领导者。

2. 有效利用职业推进器加速职业发展轨迹：

◎ 重大飞跃。

◎ 严重的混乱。

◎ 以退为进。

3. 承担溃败的责任，并将其转化为学习机会。在利用职业推进器时与支持者保持联系。

4. 进行年度CEO准备情况评估，了解：

◎ 自己对四种CEO基因组行为的掌握程度。

◎ 自己整体职业历程与典型的CEO要求的匹配程度（参阅第108页）。

◎ 存在哪些有助加速事业发展的推进器。

第 7 章

脱颖而出：如何引人注目

中尉乔治："我不喜欢吹自己的小号。"

上校黑爵士："你至少已经告诉我们你有小号了。"

——《黑爵士四世》（*Blackadder Goes Forth*）（BBC喜剧）

写下这一章并非我们所愿。我们工作的基础是关注绩效和结果，而不是抢功劳或钻营人际关系。但是不论是数据还是我们自己的经验都迫使我们要对自己和读者诚实。进入CEO决选名单的方程式并不是"做出伟大贡献并希望有人听到"。相反，关键在于"做出伟大的贡献并凭此获得关注"。

坐上头把交椅是两个因素相互促进的结果：在正确的角色中获得成绩和凭借这些成绩引人注目。这适用于任何令人垂涎的职位。我们生活在一个拥挤的世界。对于任何有价值的工作机会，可能还有其他五位有资格的人同时和你竞争。对于CEO职位或大多数其他领导角色的决选名单而言，绩效是一个必要但并非充分的因素。

埃琳娜最喜欢的CEO故事之一是三年前遇到的一位澳大利亚高管的经历，就是接下来出场的克里斯托弗（Christopher）。埃琳娜在2014年为克里斯托弗竞聘的CEO职位进行了评估，并对他在四种CEO基因组行为中的全能表现印象深刻。他曾有在产品领域的工作经验，但不是一个能够在埃琳娜对其进行评估的服务行业中引领转变的合适人选。但当埃琳娜离开时，她相信克里斯托弗已经准备好成为一家与自身能力更相匹配的企业的CEO。

那次CEO竞聘是克里斯托弗挤入决选名单的第一次经历——并且有一段时间，令他感到非常沮丧的是，这看起来也可能是他的最后一次。如同许多距离一把手职位只有一步之遥的人一样，克里斯托弗是一位有着丰富经验的高绩效人才。他起步于一家全球领先的消费品公司，从销售员做起，然后获得巨大飞跃，跳槽至另一家公司负责损益汇总。为了获得更多的国际经验，他举家迁居欧洲。最后，他进入了一家以商业管理系统闻名的公司，在那里领导一个营收超过10亿美元的部门。

克里斯托弗已经取得了令人瞩目的成绩，掌握了CEO基因组行为，并且做出了很多正确的职业生涯规划。然而，他遭遇了"瓶颈"，他作为一个有吸引力的CEO候选人的时日所剩无几（董事会对那些几年来一直处于击球距离但从未竞聘成功的候选人持谨慎态度）。在他目前的雇主眼中，克里斯托弗被视为一位潜力很大的领导者，但现任CEO和他年龄相仿且没有退休计划。克里斯托弗的妻子是他最大的支持者和共同策略家，她开始认为问题可能在于克里斯托弗的外形，他看上去不像CEO。她说服克里斯托弗去美容牙齿，并挺直腰板。

　　一天，在与埃琳娜在纽约共进早餐时——四周是身穿昂贵西装、衣冠楚楚的男人和女人——克里斯托弗有点不好意思地向埃琳娜询问她的想法：他的妻子是否正确？真的应该怪他的牙齿吗？

　　埃琳娜摇了摇头。

　　"你的问题不在于健康的牙齿。"她告诉克里斯托弗。对方明显感到如释重负，这时埃琳娜告诉克里斯托弗他有一个更大、更难的问题，但是同样可以解决。

　　"你已经建立了强大的业绩纪录。但是你在结识那些可以决定聘用你担任CEO职位的人士上面花了多少时间？"

　　像许多我们看到的处于职业生涯中期的管理人员一样，克里斯托弗陷入了困境（许多人甚至在更早就陷入了困境），他在这个等式的一边投入了两倍的工作时间：在正确的角色中取得成绩。但是，他没能获得下一任雇主的注意，他在这方面没有投入足够的时间。因此，即便是洁白的牙齿也无法解决这个问题。

　　在克里斯托弗职业生涯的这个阶段，他仍然没能建立我们所发现的高管和CEO之间的关键纽带。我们遇到的所有进入决选名单中的CEO候选人都能够获得正确人物（做出CEO人选决策的人）的关注。我们稍后会回到克里斯托弗的故事。

　　有趣的是，我们发现没有任何迹象表明这些CEO工作是为了引起注意。换句话说，这些人不是好强的自我推销者，为了自己的利益而寻求关注。他们并没有借知名人士抬高自己或吹嘘自己在领英上有数以千计的人脉为其背书。他们为公司的利益建立人际关系以取得业绩——而不是为了一己私利。他们只是以正确的方式进入了正确人物的视线。我们已经提炼出了一套通过时间积累和有目的性的实践，可以实现这一组合拳的策略。

▍让合适的对象看见你

1. 选择你的上司

　　没有人比你的上司更能控制你在组织中的能见度和成功。几年前我们遇到的一位COO格伦（Glenn），在明白这一点上付出了惨痛的代价。当他得知自己进入了公司CEO继任者的决选名单时，他不再继续维系与上司——现任CEO的关系，而是将注意力转移到公司的执行董事会。格伦急切地想证明自己是最高职位当仁不让的人选，为此他开始单方面采取行动，并经常公开批评自己上司的决定。

　　正如你所猜到的那样，现任CEO注意到了这个现象并最终失去了对格伦的信任。"你有能力成为下一任CEO，"他愤怒地对格伦说，"不幸的是，你总是想踩着我往上爬。你如此野心勃勃，这让我觉得你是我的对手而不是我的继任者。"格伦没有获得董事会的首肯，相反，他在一年内就被公司解雇了。格伦认为自己是一位被缺乏自信的领导压制的企业英雄。他可能是正确的，但是正确并没有让他更接近梦寐以求的工作。

　　显然，在准CEO的职业发展轨迹中，与上司的关系并非都是那么牢不可破。另外，当我们观察那些成功获得CEO角色的人士时，他们倾向于与自己的许多上司保持积极的关系。这些领导者能够避免踏入雇员与老板关系中最常见的两个陷阱。第一，他们坚持自己的立场，甚至参与纷争，但不会让上司感觉受到攻击。第二，他们在组织中很亮眼，但不会让自己的上司感觉被抢了风头。

避免这两个陷阱的最佳方法很简单：首先要勤奋地工作，并尽可能选择合适的上司。其次当这行不通时，确保你所提出的每个建议都反映了组织的目标，最好也反映了上司的目标。让你的上司成为你的合作者。当然，如果你的上司是一个效率低下、小肚鸡肠或者控制欲极强的人，做到这一点就很困难。下面我们分享成功的新兴领导者们所采用的最佳策略，即使在遇到最难搞定的上司时，它们也能发挥最大的作用。

◎ **了解上司的目标**。成功对他而言意味着什么？如何将你自己的角色融入其中？如何能更好地为他提供支持？他的职业目标是什么？他的激励动机是什么？了解组织中哪些人对上司最重要，并通过他们寻求方法得到上司的注意。

◎ **不要猜测他或她的期望和偏好**。多提问。他工作的首要目标是什么？他喜欢怎样的交流方式？只问一次是不够的，因为优先事项会随时间的推移而变化。例如，你或许会推迟一天提交一个项目以便对数字进行复查，因为你猜想上司想要的是一份完美的材料，然而他需要的是快速做出决策，即使数据还有待完善。让对话变得不那么空泛的一个好方法是询问上司曾经最得力的直接下属：是什么让他或她如此杰出？

◎ **让你的上司帮助你**。让你的上司融入你的职业目标，并将你的兴趣与组织的利益联系起来。你要让上司把这些记在心间，这样，当他开会刚好有一个你梦想的任务在会上被提及时，他因出于了解也会有动力说出："你们知道谁是最佳人选……"并会委派你负责这项任务。另外，如果你的上司听说你正在考虑另一个分部的工作机会而没有事先征求他的意见，你可能会在一夜之间把你的这个粉丝变成一个批评者。对你的成功予以投资的人希望你能够就重要的职业选择征求他们的意见。

◎ **掌握重要事项的定期更新**。在上司的首要事项中，对与自己工作相关的内容要向上司汇报目标明确的完成进度。汇报这些进度的恰当时间框架和媒介手段将根据你的上司、所在公司和所担任职位的不同等有所区别，但连贯性是统一的。这种做法想要传达的信息是：我了解对您和企业而言至关重要的事项。我可以掌控它。您可以信赖我。

有些人工作是为了取悦上司，其他人则是做一天和尚撞一天钟。这些做法都不是为了"我如何帮助这个上级实现企业的目标？"而这恰恰是让你的上司成为你的贵人（sponsor）——为你提供机遇或者在他升迁的同时给予你提携的人——的秘诀。

我们并不是要主张成为一个奉承谄媚的人或圆滑世故的政客。我们建议你真心实意地支持你的上司并与他合作，以实现他和你的，以及组织的目标。如果你发现自己的上司很难对付并且与企业目标相违背，那么最好的解决方法就是积极转岗。

在对候选人进行评估时，被上司"提携"到越来越重要的职位是高绩效者的一个常见迹象，我们会通过寻找这一点并据此做出强有力的推荐。这个迹象既向我们表明了候选人的执行能力，同时也证明了其具有影响和管理人际关系的能力。

2. 建立交际圈

我们发现，除了与上司建立起牢固的关系之外，在我们的研究对象中，几乎一半的冲刺者在其整个职业生涯中都拥有强大的贵人。贵人通常比自己的上司级别更高，或供职于公司的其他部门，他们有敞开机遇之门的影响力和途径，并为你带来宝贵的机会。得到有影响力的贵人的支持可以帮助你加速职业进程。为什么？因为他们采取行动、提供有价值的渠道并有效地用他们的信誉为你加持。

这其中存在挑战。我们知道我们需要贵人。贵人的重要性已成为老生常谈，长期充斥于领导力发展文章和职业咨询博客。但是，对于那些最需要建议的人来说，这些建议往往价值有限，因为不是每个人都有能力接近贵人的。

然而，贵人往往利用影响力支持那些在他们眼中"和我们没什么不同"的人。对于任何希望变成凤毛麟角，获得跻身少数派机会的人来说，这一切意味着什么呢？有些人可能会建议他们用更受欢迎的时髦人士的衣着和爱好装扮自己。我们对那些靠自己的力量主动创造出贵人的CEO候选人更感兴趣。他们并没有试图伪装自己成为别人，而是寻求以忠于本真的方式进行交际，并在此期间展现出自己的足智多谋和深思熟虑。

健康公司Happier的CEO娜塔莉·高根（Nataly Kogan）将她的大部分成功归结于凭借自身力量创造支持。娜塔莉14岁时从俄罗斯移民美国。在几乎不会讲英语的情况下，她通过了美国高中令人不寒而栗的社会和学业挑战，这要归功于她擅长快速熟悉周围的人和环境并找到关联的能力。在底特律的郊区，她在第一天就要走进食堂并学会观察"哪些孩子会是最卑鄙的人"。

识别"友谊"是策略成功的一半。另一半是让她的方法因地制宜。对老师坦言"我的英语不太好，你能帮助我吗？"具有一定的成功率。然而把同样的事情告诉青少年会怎么样？一败涂地。她发现通过交易带来的成功率更高："如果你给我英语笔记，我会给你我的数学笔记。"对于高中生而言，笔记是硬通货，而谦卑不是。在她职业生涯的后期，作为纽约风投公司Hudson Ventures的唯一女性总经理，娜塔莉意识到自己可以以幽默的方式加入正在聊体育的同事们，并与他们打好交道。她告诉我们，在她刚就职时，她的丈夫会为自己准备体育新闻以便她可以在星期一早上有话题可聊。但是有一天，当她醒来后说："这不是我。这是假的。这不是我想要做的。而且我意识到，我可以通过幽默建立人际关系，并且它可以奏效。"

年轻职场人士和处于职业生涯中期的专业人士们经常感叹自己没能幸运地找到职业生涯中的强大贵人。你可以主动创造贵人，而不是被动地等待运气降临。贵人是由卓越的表现创造的。除此之外，我们会为你提供一些能够帮助你获得关注并培养贵人的策略。在尝试之前，请务必谨慎。只有做出真实的业绩表现并抱以真诚的态度时，下面的策略才会取得成效。如果你试图通过弄虚作假的方式来引起注意，它将导致火焰的熄灭而非绚烂的焰火：

◎ 与潜在的贵人分享你的抱负——而不是问题或难题。这会创造积极的能量，并表明你的目标与企业和贵人的目标是一致的。

◎ 向潜在的贵人咨询与他有关的问题的意见。如果你想让别人觉得可以投资你的成功，创造轻松的机会让对方贡献力量。征询建议是一种强大的贵人建设方法。大多数人都喜欢提供建议，而这样做可以鼓励他们更多地投资于你的成功，更不用说建议本身的价值了！稍后通过让贵人知道情况发展的进度以及他的建议如何对你产生帮助完满结束这次沟通。

◎ 向你的贵人提出他们可以轻松完成的具体要求。例如，如果你想要更多地接触到高级客户，那么询问销售主管比制造业主管会更富有成效。

◎ 对贵人给予真诚的感谢。对他们所做的对你有所帮助的任何事情表示认可，无论这些事情多么微不足道。感谢他们提供的建议或机会，并告诉别人这如何促成了改变。人们倾向于在获得正面认可后做出更多，高级管理者也不例外。

◎ 当你向贵人寻求援助时，不要掉链子。贯彻始终。例如，如果对方应你的要求进行了引荐，继续保持用电子邮件沟通。把后续的事情接过来。

◎ 带来稀缺资源。打破封闭网络并吸引贵人目光的一种方式是展现新的所需技能。我们的一位投资客户主要与几十年以来相熟的人士合作。然而，当他们希望将尖端的数字实践融入其业务中时，他们开始追求新的合作伙伴，纯粹是因为这些人能带来所需的技能。投资自身，建立有价值的专业技能并成为知名专家。

3. 搭建篝火

埃琳娜的一位供职于麦肯锡的导师库尔特·斯托文克（Kurt Strovink）曾经找她坐下来谈了谈："你做得很好，但没有得到你应得的声望。你正与媒体的一位合作伙伴共事，然后又与另一个金融服务伙伴合作，一会儿又飞到伦敦，回来后又投入到另一个客户项目上。这如同每隔几个月就搬到一个新城市——这样的话你是无法建立起一个强有力的人际支撑网络的。"库尔特告诉埃琳娜，她要想象自己正从一艘宇宙飞船上俯视自己的职业生涯，"你在不同的地方点燃了一百个小火苗，但是有谁在乎呢？相反，你需要做的是生起一个可以从太空看到的巨大火焰——那样你的努力才会获得真正的回报。"

"挑选一个村庄并搭建起篝火，"库尔特说，"不要东奔西跑，那样只会进溅出零星的火花。"在职业生涯的某个节点，有意识地把精力投入到人际关系的建立上是至关重要的。关键是要抉择在哪里投入时间和精力才能建立起重要的、庞大的人际关系，从而帮助自己脱颖而出。

获得远高于薪酬等级的曝光度的一个好方法是与高于你几个级别的高层领导一起共事，承担幕僚角色。这可以成为一种有效的早期职场的可见度助推器。通常，热心于损益汇总管理的运营领导会忽略协同角色，如办公室主任或战略总监。然而，这些角色既可以提供其固有的被高级领导层关注的能见度，也可以提供无与伦比的洞察机会，即观察成功的领导者是如何在高处运筹帷幄的。即使你身处一家可能没有"幕僚角色"的小公司，志愿参与工作范围之外的重要跨职能项目也能够增加你的曝光度。

我们之前提到的那位雄心勃勃的CEO克里斯托弗，他在职业生涯早期离开了默克制药公司（Merck）的市场营销部门，转而担任业务优化经理这份幕僚角色，当时人们都认为他疯了。志存高远者都希望在市场营销和销售部门获得晋升。业务优化职能属于不怎么受关注的运营团队。但是事实证明了克里斯托弗的设想，这一角色将扩大他对业务、技能和人际网络的看法。"作为一名业务优化经理，我可以在整个公司游走，帮助解决各种各样的问题。多亏了这个角色，与同行相比，我对整个公司的业务及所有职能都有更好的了解。因为我负责的是对业务发展很重要的优化措施，因此我结识了老板的老板。"克里斯托弗发现，这个职务让他在一个非常有影响力的群体内瞬间获得了可见度。"这项工作赋予了我比任何人想象的都要多的在高级领导层面前的曝光度。"他说。

当你参与跨部门工作时，你有更多的氧气滋养火焰，你可以实现最大的价值并为组织最重视的事务做出贡献。如果你在将销售视为生命线的组织里工作，并为其地下室的某些IT项目（或地下室中的20个IT项目）做出了英勇的努力，没有人会对此给予关注。当你在一个被认为是寂寂无闻的职能部门，而不是驱动成功的主要部门中工作时，在整个组织范围内获得知名度会更加困难。如果你发现自己处于这种情况，你必须承担风险，采取横向行动以扩大视野，否则你甚至可能需要离开公司，进入一家自己的专业知识对公司的优先业务更为重要的公司。

我们之前提到过的3D Systems的总裁兼CEO维奥米什·乔希，在职业生涯的早期几经磨难懂得了这一点。维奥米什渴望从研发部门经理晋升为惠普成像和打印部门的研发经理。他完成了所有目标并被认为是一位不错的同事。参加完业绩考核后，维奥米什认为自己会升职。但令他震惊的是，他的希望落空了。维奥米什感到很失望，他找到了业务部门的领导，想搞明白到底是为什么，并从这次小插曲中吸取教训。"我的上司给了我难以置信的建议，直到今天我都在和别人分享。他对我说：'在你的这个级别，为了获得提拔，仅仅按章照抄实现预期是不够的。你需要在能让公司取得进展的方面做出贡献。贡献一些对驱动价值显而易见并具有关键意义的东西。'"

这番话促使维奥米什接受了当时惠普公司最具价值的核心业务——打印和影像业务中面临的一项棘手的挑战。当时的打印机市场已经陷入停滞状态。尽管周围关于成功率渺茫的唱衰声不绝于耳，但维奥米什知道在惠普的核心领域中做出改变正是亟待做出的贡献。在2000年到2008年，他通过赢得低端市场，利用可扩展的打印技术以及将打印机直接连接到互联网来构建增长平台，从而使公司构建起基于订阅的模式。他的工作成果令人震撼：他将打印和影像小组的价值从190亿美元提升至280亿美元，同时将营运利润从10%提高到16%。最初令人失望的挫折成为一次宝贵的职业经验，帮助维奥米什将注意力集中在最重要的方向上，为他登上3D Systems的CEO席位铺平了道路。

在你搭建篝火时，当人们可以很容易对以下这个问题给出肯定的答案时，就说明你有得到关注的最佳机会：这个人是否凭借对企业的重要业务做出贡献而闻名？例如，参与改变企业的重大举措（例如并购）是一个极好的机会，它既可以磨炼你的技能，又可以提升个人形象。无论你是处于收购方的位置或在被收购公司里工作，这一条都适用。并购执行工作人员的曝光度远高于他们通常在自己业务范围内级别的曝光度。如果你处于收购方一边，领导兼并整合是理解整个企业的速成课程，并会为你提供与企业中的最高层人士进行定期对话的机会。

以适当的方式争取曝光

1. 争取自己想要的

有一件事可以帮助你在合适的机会中受到关注，而且非常简单。也正是因为太过简单以至于我们所知的一些能力最强的高级管理人员也做不到。那就是，你必须争取。

没有什么比争取自己想要的对于职业的加速发展更为重要。通往CEO——或者任何形式的领导角色——的道路上都可以通过这种方式展示自信和信念。我们研究的近60%的冲刺者会采取主动的姿态，并在职业生涯中的某一节点积极要求承担他们未来的责任。以下是若干有代表性的关于争取的事例，它们来自那些到达职业巅峰比预想时间快得多的人：

◎ "当我起步时默默无闻。6个月后，我告诉主管我想争取更多。在感恩节假期，我们得将整条生产线从一个设施搬到另一个设施。我费尽口舌终于得到了这个项目，因为我知道这是企业业务的重中之重。"

◎ "公司知道我想要管理损益汇总，并且承诺会在合适的时候给我机会。但经过几个月的等待后，质量职能部门提供了一个更重要的工作岗位，可以让我在高层管理团队面前有更多的曝光度。我争取到了这个机会。这意味着要想得到损益汇总的职务要跑更长的路，但向CEO迈进的跑道缩短了。"

一个警告——你必须通过实现强大的业绩从而赢得争取的权利。如果你没有赢得权利，你将被视为一个过于雄心勃勃的野心家，而不是真心为公司或组织利益着想。当你读到这时，如果发现自己会为是否有权利争取而感到不安，那么你很可能是有这个权利的。毫不奇怪，野心家很少因为过于野心勃勃而失眠。

如果你不确定想要争取的是什么怎么办？是的，即便如此也要争取。你无须被锁定在特定的长期目标上。如果你正在考虑不同的途径——绝大多数人都这么做，那绝对没问题。灵活运用你的**决策力**挑选并投入到下一步，寻求周围人的帮助。你可以随时转变方向。

你如何争取想要的和你向谁争取是一样重要的。你必须使用渴望的语气，而非绝望。第一个常见的错误是向贵人提出问题而不是请求。管理层经常讲的"不要给我问题——给我解决方案"同样适用于争取贵人支持的时候。如果你需要同情，去找朋友倾诉。如果你的对象是贵人，向他们提出请求，而不是抱怨。

在提出请求时，你的目标是通过散发自己积极的能量并与企业和贵人的目标保持一致来获得支持："这个方向令我感到兴奋。这就是为什么这对企业来说很好，以及为什么我是最佳人选。如果可能，我想得到您的帮助。"

2. 搞破坏

你可能会认为曝光度高的后起之秀会努力取悦当权者。事实上，情况正好相反。我们发现了一个重要的主题，即在实现业绩的路上创造富有成效的冲突。冲突常常被视为消极因素，但如果能够以正确的方式恰当地完成冲突，反而可以加强人际关系，令你的声誉借势扶摇直上，使你树立起具有信念和力量的领导者形象。什么是富有成效的冲突？它的目的是创造对企业有价值的成果。

卡莉（Carly）是一位CEO候选人，她将自己快速上升的职业生涯归结于愿意在需要解决问题时打破层级壁垒和规则的限制。在职业生涯的早期，卡莉在得克萨斯州的一家电信公司担任入门级的Web开发人员。她对公司的网络基础设施数据可能会被黑客全部窃取的担忧不断升级。但人们对她的担忧置若罔闻，所以她找到了一个能让自己的声音被听到的万全之策：耍无赖。她侵入了受保护程度不高的公司服务器。

公司管理层被激怒了并立即将卡莉解雇，但很快他们又收回了这个决定。管理层不仅开始意识到她是为了公司的利益而耍诡计，而且这次成功的侵入证明了卡莉是唯一有资格建立起更好防御体系的人。她被邀请回公司担任安全团队的主管，这个重要的晋升让她自此搭上通向公司管理层的快车道。

卡莉并不想制造冲突。她大胆地表达自己的观点，为企业做正确的事情，这个举动将其推到了聚光灯下。通过搞破坏将组织带向更为阳光明媚的海岸——为了获得一些有成果的事情而追求冲突——可以帮助你取得成功。相反，为了让自己谋求更好的位置而搞破坏——壮大自己的个人野心——迟早会让你落入令人窒息的水域。我们已经见过太多的政治花招。玩弄花招的人通常是唯一忘记这些花招是多么明显的人。

我们最近在一位雄心勃勃的CFO詹森（Jason）身上看到了这一点。詹森曾积极主动地竞聘CEO的职位，他与4位董事会成员结交，并让员工写信表明对自己的支持。他头脑聪明，具有超强的商业嗅觉，并且在专业上稳健沉着。他的晋升似乎没有悬念。然而他的一个操之过急的举动使他前功尽弃。詹森决定通过谈判一项重大的并购交易作为晋升的见证，但他没有和现任CEO或董事会通气。他的理由是公司的动作过于缓慢以至于无法把握他所看到的战略机遇。董事会认为詹森我行我素，并在一周后将他解雇了。

"哇！我们为没有让他成为CEO感到庆幸。"一位董事会成员后来告诉我们，"他完全专注于达到自己的个人目的，而不考虑什么才是最有利于企业的。"

问题是，你该如何管理自己才能使自己的行为被理解为是为了集体利益做出的贡献，是勇气可嘉的，而不会在不经意间被视为鲁莽的自我推销？我们将在下一部分讨论这个问题。要记住，如果你对搞破坏感到不自在，你可能不会成为CEO。

自 利 鱼 雷

最近，金与作为CEO候选人的高管菲尔（Phil）合作。乍一看，菲尔似乎是一个完美的候选人。他在担任以往的每个职务期间都实现甚至超额完成了目标。他在目前价值数十亿美元的建筑和基础设施企业中成功领导了一次复杂的兼并整合。他富于魅力，可以编织出一个令人信服的愿景。从表面上而言，他看起来像是那种可以让公司引以为傲的领导者。不幸的是，与他共事的人看到的则是截然不同的景象。菲尔将全部心思专注于自己的成功，他将追求个人成功凌驾于所有事务之上。他的每一次"成功"的征服历程都可以描述为"一将功成万骨枯"。当他需要某人的帮助来实现自己的目标时，菲尔就是注重同事情谊的典范。但是一旦他得到了想要的东西，他在经过走廊时遇见帮助过自己的人时甚至连招呼都不打。菲尔从不回应或支持任何其他人的举措。如果这不是他的目标，他就会走开。一段时间后，菲尔自私自利的行为变得广为人知。他的一些核心团队成员开始离他而去。当我们被要求对该公司的几位CEO候选人进行评估时，菲尔获得了整个管理团队给予的最低反馈评级。这引起了董事会的注意。菲尔最终从CEO候选人名单中被淘汰。

自私自利或明目张胆的自我推销可以帮助一个人在短期内取得进展，但从长远来看往往会产生不良后果。"过河拆桥"并非是一个长期策略。董事会寻找的是心怀整个公司，而不是为了个人的进步或自我利益野心勃勃的CEO。

3. 外表和讲话都要派头十足

你愿意成为一个离经叛道者——但是如何让自己的声音被听到，而不是被隔离并被贴上流氓或疯子的标签？第一个关键点是显而易见的：你的想法需要产生你所承诺的结果。这个业绩纪录会创造信心。但是，业绩纪录的创建需要时间。为自己和自己抱持的观点灌输信心的第二个关键点是外表和讲话都要派头十足。

我们最近评估的一位高管弗雷德（Fred）有过制造冲突的历史，这乍看起来像是必定会落得解雇的下场。例如，弗雷德在销售部门工作时曾与老板争辩在他看来对推动公司发展必要的人事决策和重大经营变革。他有权这样做吗？没有。老板采纳了吗？是的。

为什么？首先，弗雷德的变化奏效了。弗雷德通过实施他的方法增加了公司的收入。但在弗雷德可以证明他的方式会成功之前，他必须让老板能够点头，让他放手一搏。他不断谦卑地寻求建议，并通过双方都可以接受的妥协方式缓和了摩擦："让我按照自己的方式尝试6个月，如果失败了，我们会按照您的方式去做。"他被允许用低风险的方式试验自己的想法，如改变一个小规模销售团队的激励政策。当获得成功后，他得到允诺将销售团队的改变措施推广至销售利润最高的产品的团队中。弗雷德极为激进的行动总是为组织创造出了价值，其合理性得到了证明。他认为创造价值并建立一个持久的组织是他走向巅峰的最佳路线。

弗雷德表现自我和传播的方式为他带来了信心。弗雷德掌握了辅导过众多CEO、皇室成员以及政府高层领导人的著名公共演讲培训师琳达·斯宾雷（Lynda Spillane）所说的"永久性公共演讲模式"。它几乎是产生高管风范的保证。根据琳达的理论，如果管理者想让自己显得强劲有力且精明能干，需要掌握以下几点：

◎ 声音大一点。这种做法可以立即传递出权威、能力和自信，无论一个人是否真的具备这几点。

◎ 语速慢一点。这表现出了对听众的慷慨，因为语速的降低能够让他们有时间消化你所要表达的信息。这也表明发言者认为自己的话值得占用时间，这是另一种传递信心的表现。

◎ 掌握刻意的中断。有高管风范的人士有时会为了清晰明确的表达，或者实现戏剧效果而中断讲话。

◎ 让每一个字都作数。在美国，我们通常使用比所需多3倍的单词来传达一个观点。其实，更少的废话可以迫使听众集中注意力。

◎ 在进入房间之前想好开场白和结束语。他们从不会在说问候语的时候把事情搞砸。他们明白，说"早安"和"下午好"不是他们的所作所为。有实力的CEO们会让自身和所持的观点令人难忘。

　　◎ 不断观察他们的信息引起关注的信号。这使得他们可以根据当下的具体情况采取行动。

　　◎ "向弗兰克·辛纳特拉借鉴。" 最强大的CEO们，正如琳达喜欢讲的那样——"他们使用自己的方式，而且他们的方式忠于自我。"

　　［译者注：弗兰克·辛纳特拉（Frank Sinatra），1915年12月12日至1998年5月14日，美国歌手、影视演员、主持人］

　　我们从经验中了解到，高管风范可以通过实践和责任心来获得提升。通常情况下，这关乎的是自我觉察和建立更有效的习惯。

　　以正确的方式获得正确人士的注意可以成为进军巅峰的又一个推进器。按照之前许诺的，我们现在继续讲述克里斯托弗的故事。在埃琳娜的建议下，克里斯托弗重新设置了时间规划。他加入了一个行业董事会，以增加自己在那些可以给予他CEO机会的人士面前的可见度和曝光度。此外，他还为自己的CEO竞聘组建了一个由非正式顾问组成的私人顾问团。他主动与相关行业活跃的私募股权公司进行接触。最重要的是，他将更多的时间投入对外沟通联系和探讨他想得到的机会类型。一天，在克里斯托弗获得另外两个不太适合他的CEO的职位机会后，他之前曾结识的一位招聘人员给他致电，并提供了一个绝好的机会。埃琳娜最后一次看到克里斯托弗时，他刚刚结束自己任职CEO以来召开的首次行业会议。他告诉埃琳娜："这些人是我以前一直仰视的，现在我和他们平起平坐了。"

公众点评效应

　　在Glassdoor、Twitter和其他社交媒体层出不穷的时代，声誉可以得到迅速建立并难以改变。我们已经见证了职业生涯被看似微不足道的失策毁于一旦的事例。避免这些失误要比马失前蹄之后再为自己洗白要容易得多。以下是应该避免的重要闪失：

◎ 对接待员、行政助理和其他地位较低的人行为粗鲁。他们会竭尽全力告诉他们所有的朋友要对你退避三舍。不幸的是，优步（Uber）CEO特拉维斯·卡兰尼克（Travis Kalanick）就在这一点上获得了惨痛的教训。一段被披露的视频显示他正大声呵斥自己的一位优步司机。这段视频引发了广大公众对恶劣的工作环境这个更为广泛话题的关注，并导致卡兰尼克最终于2017年3月辞职。

◎ 对位高权重的人阿谀奉承。自信的领导者会对CEO和看门人怀有平等的尊重和敬意。

◎ 因不拘小节而对他人不敬或惹人厌。作为我们客户的一位领导在迟到问题上臭名昭著。她的管理团队一直感到不受尊重，因而人心涣散、士气低下。

◎ 当众勃然大怒或大发雷霆，尤其是在那些很少见到你的人面前。虚拟团队和远程关系的维护是艰难的；每一次互动都会以最偏执的方式被解读。令人忧心忡忡的互动产生的阴影会久久挥之不去。

◎ 在某个活动中对同事的配偶或子女不屑一顾或屈尊俯就。

◎ 对社交媒体的判断力差。要设想你发出的任何电子邮件、推特消息或在任何社交媒体发布的内容都可能会被潜在的雇主看到。你的网上印迹是否显示你已经准备好成为一名CEO了？

关 键 要 点

1. 事业成功=取得成果×为人所知。在这个等式的两边都要下功夫。

2. 花费精力经营与上司、上司的上司的人际关系。

3. 积极建立支持关系。

4. 与关键人物建立关键、厚重稳固的人际关系，而不要分散太多精力。

5. 争取自己想要的。

6. 为了经营成果搞破坏。

7. 以高管风范讲话。

第 8 章
实现目标

死亡将是极大的解脱。不会再有任何采访了。

——凯瑟琳·赫本

恭喜你，你已经跻身决选名单！现在你所要做的就是通过最后的测试：我如何走进房间并让决策者相信我是他们的最佳选择，无论是CEO还是其他职位？

无论身处何处，这是任何竞聘者的脑海中都会浮现的问题。但是，对你是否想提高成功概率的设问确实是多此一举的。如果你已经出现在应聘岗位的终选名单上，意味着你过去的成就可能已经让对方觉得你值得被雇用了。那么还需要怎么做才能得到肯定的答复呢？

在第3章中，我们了解了观点获取的力量。现在是时候将这种学习付诸实践了。要想顺利通过面试，不要问面试官能为你做什么，而要问你能为面试官做些什么。没有什么比能够深入了解面试官的所思所想更能让你获得被聘用的优势了。在挑选CEO继任者期间，一位董事会成员的典型思路大抵是这样的：

哇，好家伙！这让我感觉风险极大而且很不自在！CEO继任不总是经常发生。我们都被聘为专家顾问，而有些事情我们大多数人最多只做过一次。这是我作为董事会成员最重要的职责……我们多年来一直在谈论继任事项，但现在做出抉择的时候到了。重大的抉择时刻！

如果我不走运并要更换一位失败的CEO，我会为能否找到一个可以收拾烂摊子的人选而焦虑不安。可相反，我很幸运。我们之前的CEO做得很好。但是，如果我们做出了错误的人选决定，那就是我们搞砸了，这将是令人痛苦且显而易见的。

在美国的一些顶级公司里，比我更优秀、更有成就的董事会成员，据说即使他们有很棒的现成的继任计划，做出错误决定的概率仍然有50%。比如惠普、迪士尼、宝洁……

还有赌注！做出错误的决定，我已经同时将公司和我自己的声誉送上绝路。这是俄罗斯轮盘赌。

准CEO们，这就是你要对付的。事实上，招聘任何职位的经理通常都会面临着某种形式的焦虑：期限很短。似乎没有完美的岗位人选。对方在做出正确选择方面的专业知识有限。失败的可能性非常高。错误决定的代价是天文数字。

最重要的是，聘用人选的决策者希望做出安全的选择。我们的观点是：将证明你能胜任这个岗位的想法从你头脑中摆脱掉，不要为此忧心忡忡。安全感，以及将其传递给决策者的手段是你进入王国的钥匙。

如果你是一位颇有才华的升职如乘火箭般的高管，且已经在之前的20年里废寝忘食，为的是做出必要的牺牲兢兢业业地将自己塑造成"正确的人选"，这个观点并不容易被接受。只有一个从统计学上具有重要意义的变量能够既增加你被聘用的机会，并暗示你将是一位成功的CEO。这个变量就是可靠性。没有其他重叠的因素。一个都没有。一次又一次地可靠地实现预期目标为决策者提供了一种你将来会继续实现目标的安全感。感觉安全使他们可能在你身上投下赌注。

最近，我们与一家非常成功的投资公司合作，该公司需要为其最大的收购项目之一寻找CEO的替代人选，这是一家在新兴竞争者的压力下正失去市场份额的消费者服务公司。主要投资方是一位年轻、超级成功的高成就者。他一直以来都有点石成金的本事，但这一次，他职业生涯中最大的投资项目却岌岌可危。对所有参与者而言，财务和声誉方面将面临很大的风险。每个人都有着不同的需要，在这一点上他们存在着很多的分歧，但是每个人想要的却是一致的："一双安全的手。"对他们来说，"安全"意味着候选人要有在家喻户晓、令人印象深刻的大公司履职的经历。对于投资者们而言，一个经营50亿美元部门的人肯定是有能力经营8亿美元的生意的，这是显而易见的事情。

但据我们观察，一个来自大公司的人根本不是一个安全的选择。这是一个中间市场业务。我们鼓励投资者们考虑几位行事果断、以执行为导向的候选人，他们曾在类似规模的公司做成了很多大事。投资者们执着于"品牌"的选择，而忽视了我们所知的某些关键行为特质，而候选人正应该具备这些特质才能扭转局面。但在当天结束时，我们的建议被抛到九霄云外。

一位有巨大影响力的董事会成员兼CEO最近坦率地对我们讲："让我们面对现实吧，董事会想要得到的是安全的选择，而不是那个优势最大的人。"为什么？因为最大的优势经常伴随着高程度的可变性，而大多数董事会都不想承担这种风险。

一年后，我们接到了投资者们的电话："埃琳娜，你之前说得没错。我们雇用的那个人对于一家正面临现金流失的小公司而言步伐太慢了。已经过去一年了，他甚至都没能完成团队的升级或出去拜访客户。他很聪明，但在信息不充分的情况下，或者假如缺少大企业的资源，他在制定决策上会苦苦挣扎。我们得重新寻找CEO了。"

最重要的是：你会因为业绩被解雇，却因洞察力而受雇。无论你是否拥有完美的背景，本章将帮助你成功获得梦寐以求的工作。

▎成为快乐的职场战士

比尔·弗莱（Bill Fry）为他所经营的公司的股东带来了数千万美元的价值。在经济衰退期间，他让真空设备公司Oreck得以壮大——这绝非易事。在此之前，他领导Bell Sports完成一项重大收购以及随后的合并。在开启自己的企业生涯之前，比尔获得了美国预备役军官训练营（ROTC）的奖学金，随后前往密西西比大学，此后他在海军服役了8年。比尔很有竞争力，而且思维敏捷。听起来很厉害，对吧？他肯定是一个严肃认真的家伙！埃琳娜在与他会面，评估他作为Oreck的CEO的表现之前这样揣测着。

然而，比尔在到场后的一分钟就彻底颠覆了埃琳娜之前的猜想。比尔营造出一种"我好，你好"的氛围，让你立刻放松下来。眼神交流、友好的提问、自我谦逊的幽默，这些让他周身散发出一种冷静但自信的风度。无论谁出现在他面前——一位CEO或收发室职员——比尔都会专心倾听，让你有一种被尊重的感觉。比尔·弗莱取得了业绩，这是毫无疑问的，但令人惊讶的是，他还是你所见过的最友善的家伙。

我们之前曾告诉你要警惕落入成为友善CEO的陷阱。将人们的感受作为优先考虑，将其置于完成工作之上并不能帮助你取得业绩。它甚至可能让你被炒鱿鱼。好吧，惊喜出现了！它确实可以帮助你获聘！在面试过程中，友善的人会最先获胜。

总的来说，董事会和面试官一直过分强调聘用决策中的软技能。是否可以说有助于吸引约会的相同行为也能让你在应聘中更胜一筹？虽然他们在处理大多数商业问题时都很老练，但在评价一个人的时候，董事会成员和业务负责人经常会在直觉的强大影响下做出聘用决定，并且直觉会使他们倾向于选择更讨人喜欢的候选人。

在卡普兰和瑟伦森分析的2600名候选人中，更讨人喜欢的领导者不论应聘何种领导职位都会有更多的胜算。他们不一定是最优秀的，却是最友善的。赛仕软件公司的分析师们发现，高度自信的候选人被雇用的可能性要比其他人多出2.5倍。亲和力和自信不会有助于业绩表现，但二者肯定会帮助你找到工作。

比尔·弗莱浑身散发着如同"快乐战士"般的亲和力和自信。这个快乐战士自信地说："我喜欢解决你所遇到的问题。我会出现在那里，解决问题，并喜欢这个过程。渴望再次为你效力！"当这些领导者谈论他们最困难的项目和艰难的决定时，他们会散发出快乐、激情和活力。换句话说，他们同时创造了情感和实效层面的安全感。当他离开房间你知道自己遇到了一个快乐的战士，你会迫不及待地让他上岗。

最终被选中的人是能力卓著并流露出真正温情的领航者。好的面试者在走进房间的同时会观察房间并感知能量水平。他们会密切注意肢体语言，以便洞悉其表达的含义：人们的眼睛有没有放光？他们语速迟疑吗？他们在看手表吗？你的目标是与受众建立联系，让他们感到安全。

　　你和那些对你能否得到工作有决定权的面试官可能看起来毫无相似之处，你们可能不是校友，喜欢的运动也各不相同。但是，如果你能在离开时让他们感觉更安全、更有活力的话，你就有极大的胜算获得这份工作。

▎言谈之中流露安全感

　　董事会和其他利益相关者将在一系列面试过程中决定你是不是他们的下一任CEO。这是不幸的，因为在彼此承受压力的个体之间进行预先设计的、有时间限制的对话为提取最荒谬的偏见创造了完美的条件。招聘的职务越高，压力就越大，效果也会越差。Jimlette和Nabisco的CEO兼17个董事会的主席吉姆·基尔茨（Jim Kilts）总结道："你不可能在一次面谈中赢得CEO职位，但你肯定会在一次面谈中失去它。"

　　那么，如何在面试过程中避免踩雷呢？我们用赛仕软件公司的文本挖掘软件处理了212份CEO的面试记录，试图寻找隐藏在录用和不予录用决策背后的语言模式。我们发现了一些丑陋的隐藏的障碍：与CEO的业绩表现几乎没有多大关系的表面因素，但是它们会触发影响你获聘概率的偏见。

　　◎ 外国口音：竞聘美国公司，口音浓重的CEO候选人受聘的概率要比其他人少十二分之一。是的，在21世纪，当数十亿美元投入于倡议多元化时，群体内的偏见依旧扮演着巨大的角色。偏见的存在已经足够糟糕了。更糟糕的是，当你一步步努力到达今天的位置时，没有人会对你说你可能是世界上最聪明的人，但是关于你个人能力的看法可能会受制于你的口音。这样说是无礼的，甚至可能会有风险。作为一名高级管理人员，如果别人告诉你需要改善你的"沟通技巧"或"高管风范"，请仔细聆听。这些评论可能是出于更深切的关注而表达出的一种礼貌的委婉说法。存在这种问题的高管经常对此置若罔闻，认为"这不是什么大不了的事"，但据我们观察，这个问题已经成为事业上的绊脚石。

如果你是一名移民，你希望掌管一家公司，但是决策者中和你国籍相同的人寥寥无几，那么当你从基层一步步被提拔时就要在去除口音的瑕疵上下功夫。琳达·斯宾雷曾帮助许多高级管理人员将他们的口音从缺陷变成了优点，在家里说英语是减少口音、达到像母语一样流利水平的捷径。

◎ 文雅、矫饰的语言或矫揉造作：虽然口音是一种缺陷，但使用过于精妙复杂的语言也是如此。把字典抛给面试官不会有助你得到工作。使用更多晦涩难懂、卖弄智力的或"象牙塔"式词汇的候选人获聘的概率要少八分之一。使用更多口语的候选人（例如，"胡说八道"等短语）获聘的概率会增加八分之一。根据我们的经验，接地气的故事讲述风格获得令人难忘的效果远比卖弄智力的、学术的风格更为强大。

◎ 管理上的陈词滥调，首字母缩写词，咨询意见等：空洞的流行语会成为面试杀手。金曾和一位候选人坐在一起，对方一直说着一些流行语。糟糕的是，他似乎认为重复这些短语可以免去提供特定的、可量化的实例的需要。使用空洞的语言可能会导致缺乏真实性，并且可能触发董事会的模糊偏见——避免录用那些看似缺少信息的人。这会导致可信度的缺失。相反，请准确使用语言和实例。

◎ "我们"和"我"：领导力是一种团队运动。目标是平衡"我"和"我们"。在我们的评估访谈中，所有候选人在描述他们的成就时使用"我"的频次要比"我们"更高。但成绩最差的候选人使用

"我"的频次是其他CEO候选人的两倍。最优秀的候选人清楚地了解他们的个人贡献，而不会过度使用"我"。那些说"我最骄傲的成就是团队开始大获全胜的时刻"然后清楚解释他们在团队成就中发挥的作用的人比对自己的逸事和成就滔滔不绝的候选人更能给决策者留下深刻的印象。

有趣的是，当纽约大学的研究人员在我们的数据集中比较女性和男性的语言模式时，他们发现被聘为CEO的女性使用"我"的频次比男性略高。坐上CEO席位的女性可以轻松分享是什么让她们变得优秀，但仍然处于"我"和"我们"使用次数比例的警戒线以下。这些女性似乎已经意识到需要对董事会和老板进行反击，因为他们太喜欢将她们视为明星球员而不是四分卫了。

无论你是男性还是女性，都要分享自己帮助他人实现成功的故事。夸赞你的团队、你的导师和你的老板，董事会将你提及的自己的个人贡献作为事实的陈述，而非自负的迹象。它在显示威信的同时展示了谦逊。说得明白一点，面试不是贬低老板或同事的场合。如果面试官看到你在这里说别人的坏话，他们会猜测你在其他地方也会这样做。谁也不希望被视为那种只知道推卸责任而不对错误有担当并努力寻找解决方案的领导者。而且，你未来的老板会理所当然地担心你有一天会将他们往车底下推！

▍令人难忘且紧密相关

最优秀的候选人如何确保自己的信息得以传达并最终以此获得工作机会呢？他们所讲述的故事和细节应该既紧密相关又令人难忘。"紧密相关"提供了安全性。我以前做过并做得很好。因此，你们可以对我抱以同样的期待。"令人难忘"让你获得面试官的首要关注。

如果你想让人们倾听自己，就需要知道他们的兴趣所在。在面试前做好功课。对"谁"和"什么"进行研究：你将与谁面谈，以及他们需要你解决什么问题？

一位董事会成员曾听取我们的报告，他当时正否决了一位面试人选。这位候选人在面试过程中花费了大量的时间口若悬河地谈论公司应该为计划的IPO考虑可替代的选择。他在各种资本结构的利弊方面有许多令人印象深刻的话要讲。问题是，他面试的岗位是人力资源部门的负责人，而不是公司的CEO。他必定认为自己复杂的金融知识会使他有别于其他候选人——确实如此。他的确被人们记住了：一个对人力资源只字不提的人力资源面试者。董事会认为他并非合适人选。

当你弄明白了什么是"紧密相关"后，接下来如何做才能让这些信息令人难忘呢？

以下是我们观察到的一些特别有效的方法：

◎ 有意义的数字。空洞的数据是没有洞察力的信息。如果你的话听来像是行走的电子表格，那么它是不会有任何吸引力的，无论数字多么亮眼。你对成就进行量化时，确保对它们进行阐释："我在任何地方都完成了，但不论是哪个职务我都会超额完成20%。"提供可比性——与目标本身相比、与前一年相比、与你的同行或竞争对手相比你是如何处于领先地位的？"2008年，三分之一的竞争对手都倒闭了，而我将营收保持在持平状态并使利润有所增加。"当谈到可量化的结果时，你最强劲、最吸引眼球的业绩是什么？

◎ 真实而生动的故事。获得来自行业巨擘的认同经历既"具有黏性"，即令人难忘，而且也传递安全感。如果你的简历中没有大公司的背景，这是一个很好的替代选择。多年前，埃琳娜对一位候选人进行了评估，并对他进行了强有力的推荐。她至今仍记得对方讲述的一个关于山姆·沃尔顿是如何跳上飞机亲自说服他不要离开公司的故事。这个故事影响了埃琳娜的推荐吗？好吧，它显然令她难以忘记。面试官倾向于记住你和成功人士之间生动、有意义的私人联系。你获得过奖项吗？列举它们！

◎ **高效地处理失败**。发挥你的优势，但不要害怕在面试中说出你的失败和错误。一个讲述精彩的关于救赎和学习的故事可以起到难以置信的强大、积极的引导作用。根据我们的研究，能很好地应对失败的CEO候选人在统计学上讲更有可能获得雇用推荐。要记住你的故事不能以一堆烂摊子作为结束。你必须展示你所吸取的教训以及从那时起是如何改变你的方法的。我们在访谈中——成千上万小时的访谈——听到过的最令人难忘的故事之一也是最不幸的故事之一。一位CEO候选人生动地讲述了自己在一家航空公司任飞行员培训师时的经历，一名受训人员将飞机撞向了机库。他兴致勃勃地描述着当时的危险形势和燃料起火的场面。我们期待接下来他会说出经验教训，但是故事戛然而止了。幸运的是，在这场事故中只有企业蒙受了经济损失——超过100万美元——所幸无人受伤。在接下来的访谈中，他用类似的坦诚和才气讲述了他所犯的商业错误。然而再一次，他没能清楚地描绘出他从这些错误中吸取的教训，以确保下次不重蹈覆辙。访谈结束之后，飞机失事成为所有人热议的话题。再说一次，几乎一半的CEO候选人在其职业生涯中都遭遇过一次或两次重大的失败。但这并没有成为他们获聘的绊脚石。不同之处在于你要讲出如何在这次失败中承担起自己的职责，并传达你所学到的经验，以及你作为领导者在此之后做出的改变。

还有一种方式可以让你在面试中留下不可磨灭的印象：着重准备

"开始与结束"。在面试前排练你要讲的故事。弄清楚你想要讲述的细节，特别是"开始与结束"。面试的最初和最后几分钟——你如何见面以及如何离开——最有可能被记住。让它们变得特别。你的表情、声音和手势都需要透露出："我是合适的，我已经做好准备，我不会让你们失望！"换句话说，你是一个安全的选择。

▌ 主导局面

你已经努力进入了面试阶段。不要被面试官的风格和能力左右你的命运。你需要自己主导局面。

以世界上最宝贵的一家食品品牌的CEO胡安（Juan）为例，他对我们讲述了自己得到这份工作的经历。公司董事会当时为面试预订了一家意大利餐厅——不是一张餐桌，而是整个餐厅。当他迈进空荡荡的房间，走向所有面试官都已经就位的圆桌时，他每走一步心里的恐惧便会增加一分。

董事会在整个午餐期间向他抛出了一连串的问题，随意地从一个主题跳到另一个主题，每个董事会成员都插入自己关切的问题。胡安迎难而上。尽管他们看起来似乎对胡安的回答感到满意，但胡安在离开时还是强烈地感觉自己的所有回答并没有描绘出一个全面的、引人注目的图景，以表明自己有能够成为下任CEO最佳人选的理由。整个午餐过程弥漫着一种诡异、令人困惑的气氛，谈话始终缺乏生气，他确信自己不会再有机会了。

令胡安惊讶的是，他再一次被约谈。这一次，在听取了一些值得信赖的顾问的建议后，胡安决定采取不同的策略。他没有期望对方建立一个有凝聚力的议程，而是用自己设置的议程介入。他阐述了自己的立场：这就是我，这些是贵公司今天的机会，这就是我要做的事情。那天，他们当场聘用了他。

一次成功的首次面试介于两个极端之间。在推和拉之间保持微妙的平衡。当然，你不能完全控制局面，因为这样做是在剥夺董事会的权力。

然而，如果你能够掌控局面并为他们指明方向，同时仍然在意他们关切的问题，那么你会更加成功。

你必须在进入房间的同时弄清楚你希望他们从谈话中提炼出什么。你想让他们了解并记住你的哪些方面？只是简单地回答问题就过于听天由命了。施展从交际中创造影响力的能力，并考虑通过面试希望对方思考、感悟什么并采取什么行动。然后创建一个包含三个话题的简单列表来实现这些目标，每个话题都要举出生动的事例。如果谈话进展缓慢，就引导它的方向以便可以让你就其中一个主题进行谈论。

清楚地了解自己将为应聘的职务做出什么贡献以及如何实现业绩可能会不可避免地导致一些机遇向你关上大门。你不可能获得所有工作。这并非失败，这恰恰证明了你的方法是有效的。那些职位可能并不适合你。记住，比没有得到工作更糟糕的事情就是接受错误的工作。

道格·希普曼是美国第三大艺术中心伍德拉夫艺术中心的总裁兼CEO。他在阿肯色州的农村长大，曾在波士顿咨询公司（Boston Consulting Group）（一家顶级管理咨询公司）工作期间周游世界，并作为CEO领导过一家全球创意咨询公司Bright House。

希普曼比大多数高管更为深刻地认识到，并非每个CEO角色都与自已独特的兴趣和经验相吻合。因此，在他参与的每一次正式的CEO竞聘中，他都会有意识地主导局面。在每次面试结束之前，他会让董事会明确地知道他会带给公司哪些贡献。他的目标始终是确保对方的期望与他的计划之间没有错位。在一个案例中，他甚至写了一份10页的备忘录，精确地描述了他会如何推动组织前进。

在5个CEO的职位机会中，他获得了3个机会，失去了两个——这些结果都是正确的。希普曼说，最重要的是："你以自己的方式引导面试。你必须设定预期。"

CEO面试谈话要点

如果以下任何条目适用于你，务必将其纳入谈话要点中。董事会希望在CEO候选人身上看到这些特质。

◎ 行业经验。对于董事会成员来说，没有什么比"我去过那里，做过那件事"更能作为"安全感"的证明了。相关行业的经验会增加你被选中的概率。如果你在行业中有切实的经验，务必提及。

◎ 作为一个将军，而非步兵。务必重点强调由你主动发起重大变革，并为业务设定目标和策略的经历。董事会希望知道你可以为他们的业务制定方向，而不仅仅是从顶层执行其他人的授权。

◎ 拥有精确的商业GPS。2013年，埃琳娜担任Western Dental的董事会董事，这是一家致力于提供普惠牙科护理服务的提供商，他们为200多个办事处的数千名患者提供服务。投资者渴望找到一位新的CEO。当我们筛选候选人时，当时的执行主席汤姆·埃里克森（Tom Erickson）一直回到同一个问题：这位候选人是否对业务有全面的了解？他能够通过综合各种意见制定出方向吗？汤姆想要寻找的是一位能够全面了解整个业务及其影响因素的CEO，而非超大版的区域经理。

▋ 四大类型：这份工作适合你吗？

那么，惊心动魄的时刻来临了。你接到了心仪工作的录用通知电话。机会已经摆到了桌面上。你自然地开始大量分泌肾上腺素。你甚至在办公室里手舞足蹈（别担心，我们会和你一起舞动！）。

现在的你面临着最艰难的决定：新CEO或任何级别的领导者的首要成功因素就是选择合适的机会。在为管理人员提供关键性聘用决策建议的20多个年头中，我们观察到会有三个因素需要考虑：1.这个企业、部门或团队是否在不论你加入与否的情况下都有成功的机会？2.你的优势是否真正符合对方的需求？3.你的风格和价值观是否与企业的背景和文化相匹配？

不要只盯着CEO的头衔就随便接受一个职位。接受与自己技能、优势和价值观相匹配的正确职位。

不要接受这份工作，如果……

◎ 你的直觉告诉你不要。除了顶着CEO的头衔，你无法看到自己在这个职务或在这家公司里能够发挥作用。

◎ 你没有可靠的证明表明接手的业务是健全的或是可以修复的。

◎ 你没有清楚地了解上任CEO离开或被解雇的原因。

◎ 你没有聘用和解雇的决定权。

◎ 你与某位董事会的重要成员，或几位不太可能离开董事会的关键成员无法相处。

◎ 你无法全面了解公司的财务状况，尤其是现金状况。

◎ 你认为自己必须对上一任进行明显的改变。

一些CEO向我们坦言自己首次接受的CEO职务并不适合自己，我们之前提到的珠宝公司约翰·哈迪的CEO罗伯特·汉森就是其中一位，而且他说自己在接受这份工作机会之前甚至就已经知道这一点了。当时的罗伯特是负责李维斯全球品牌的总裁，住在旧金山。向他抛出橄榄枝的是美洲鹰（American Eagle），后者正在寻找一位可以使不断衰落的品牌得以振兴的CEO。

"我记得自己站在匹兹堡的一个酒店房间里，盯着河对岸，和我的伴侣交谈，我说'这不合适'。"罗伯特的直觉告诉他创始人会抵制自己所认为的必要的变革。作为极其喜欢都市的人，罗伯特热爱他在旧金山的大都市生活。匹兹堡并不符合他理想的节奏。但是罗伯特觉得自己已经做好准备并渴望获得一个CEO职位，并且这种机会也不是每天都有。因此他放下了自己的担忧并接受了这个职位。不到两年之后，在罗伯特的合同到期之前，他在接受这份工作之前怀有的许多担忧引发了冲突，最终导致了他的离职。

在我们对CEO被解雇的70多种情况的分析中，接近40%的情况是由于工作需要与自身优势不匹配。还记得迈克尔·乔丹试图打职业棒球的故事吗？它并不精彩。你可能是一名世界级的运动员，但是如果你想如鱼得水，请确保你报名参加的是适合自己的运动。如果董事会希望获得一双稳定的手保证航向，但是你想为实现激动人心的转变而跃跃欲试，那么你就有麻烦了；如果你的目标是在未来10年内将公司发展成价值10亿美元的行业领导者，而董事会希望你在18个月内准备好将业务出售，那么你就麻烦了。同样地，你可能通过精明的营销和销售策略拯救了一个品牌而成为明星，但是当你被引进领导一家运营混乱的公司时，你就会一败涂地。

如何确定自己是否适合所提供的职位呢？在对数百名CEO进行了评估和辅导之后，我们发现了4种常见的CEO类型。大多数领导者并非只与某一种单一的类型完全契合，但大多数人通常可以在一种或两种类型中找到自己的影子。同样，公司可能需要一位新任CEO同时具备多种技能，特别是随着时间的推移，但这个角色很可能贴近这些类型之一。一名候选人可能适合成为某些公司的CEO，尽管如此，对于领导某个特定公司却存在技术不足的问题。

下列哪些类型与你相匹配？弄清楚这点可能会让你免于对错误的挑战说"是"。

1. **以天空为极限**：这种CEO在积极追求增长方面具有不懈的创造力和企业家精神。他在适应性和决断力方面坚不可摧，有时会以牺牲可靠性为代价。他的自然栖息地是正在迅速变化的行业和小型的高增长公司。他通常更强于倡导大胆的突破机会，而不是以谨慎的、可预测的方式拓展业务。许多创始人和企业家都符合这种原型。埃隆·马斯克（Elon Musk）是一位偶像级的"以天空为极限"的CEO。他的SpaceX计划旨在殖民火星。

艾娃·莫斯科维茨（Eva Moskowitz）是另一个范例。艾娃精力充沛、坚毅顽强，她创立了成功学院特许学校（Success Academy Charter Schools），并将其从哈莱姆区的单一一所学校发展为纽约市最大的特许学校网，共有15 500名成绩优异的学生在46所学校就读。虽然学院在发展过程中受到工会的激烈反对，经历了与市政府的斗争，收到死亡威胁并历经无数艰难险阻，但是艾娃在雄心勃勃的愿景的激励下建立起一个公立学校网络，通过随机抽签的方式招收大多数源于低收入家庭的少数族裔儿童，将学校建成纽约州教学质量最好的学校。

2. **精益、熟练、运转正常的机器**：这种CEO是重视效率的典范。

他会重新设计流程以实现价值最大化并降低成本。这些技能最适用于以成本作为关键竞争优势的公司。

丹纳赫的拉里·库尔普（Larry Culp）称得上低调的"精益、熟练、运转正常的机器"型CEO。他将丹纳赫打造成一台运行良好的机器，将其业务系统一直嵌入公司新的并购中，并以持续成功的长期业绩纪录回报他的股东。只有少数公司实现了比丹纳赫更令人印象深刻的长期回报。拉里将丹纳赫的股票价值从他担任CEO时的不到10美元增加到他离任时的近80美元。

3. 急诊外科医生：这是典型的转型CEO。这些领导者倾向于成为肾上腺素瘾君子，他们在严峻的形势下茁壮成长，并且不会在制定艰难的决策时优柔寡断。他们通常是娴熟的谈判者。经常游走于陷入困境的不同公司，依靠自己卓越的决断力技巧和行动偏好来扭转局面。

你或许没有听说过大卫·西格尔（David Siegel），但他挽救过的每一个公司都是大名鼎鼎：美国大陆航空公司（Continental Airlines）、Frontier航空公司、美国航空公司（US Airways）、Avis预算集团，不胜枚举。当事情变得艰难时，大卫会被召唤。他灵巧地大刀阔斧地削减成本（他在一次履职中曾在一年内将成本削减了20亿美元！）、裁员、与供应商重新谈判，以及采取任何必要的举措使业务起死回生。一旦应急行动发挥作用，他会继续前进。他在每个CEO职位上的履职时间大约为3年。

4. 一双安全的手：这种CEO坚持不懈地秉持可靠性，并且在从交际中创造影响力方面也经常表现出色。他以始终如一的鼓点追求变革，稳中求进，获取支持并从善如流。"安全的手"型的CEO习惯深思熟虑，他们依靠文化和流程来保护有价值的机构。这种类型通常出现在缓慢增长的行业和任务驱动的机构中，如非营利组织。在迅速变化的行业或私募股权投资中，这种类型并不常见。

当一名CEO的技能与工作相匹配时，他就能取得很好的成绩。当公司或部门未能聘用到其所需的领导者时，结果往往令人失望。为避免让自己陷入这样的境地，就要利用面试过程中出现的细微机会进行观察。这不仅是公司审查你的时间，也是你审查公司的时间。背景说明一切：你在哪种背景和环境中可以充分发挥潜力？这由你的商业价值观、领导风格和生活重点而定。每个人的答案看起来都不一样。

罗伯特·汉森告诉我们，在离开美洲鹰后，他花了6个月的时间，通过"与内心的自我进行80次有趣的对话"考虑自己的职业规划。顺便说一句，如果你不固执己见，让信任的人和你一起讨论并为你出谋划策，你会对自己的优势和领导风格有更为清晰的判断。

罗伯特撰写了一份关于他心仪职位的书面陈述：一个具有高增长潜力的真正的全球品牌，它以使命为驱动，以价值为基础，绩效优异并具有创业文化。这是一个他可以凭借自身优势发挥领导才能的地方，他身旁那些聪明的合作伙伴认同他对领导和增长方式的看法。写下你想要的东西具有关键意义，它可以让你在追寻CEO或其他高层领导职位的过程中排除因兴奋和别人的奉承而带来的干扰，从而找到明确的目标。它让你保持自律并提出尖锐的问题，这些问题可以揭示你是否真正符合你对业务的希冀以及对该职位的期望。

2014年，罗伯特自律的寻求获得了回报。他成为珠宝公司约翰·哈迪的CEO，约翰·哈迪是一家符合他所有标准的小型私募股权投资公司。在担任该职务期间，他专注于丰富品牌内涵，提升产品、营销和分销，开设精品店，拓展电子商务和国际业务，以及改善运营。他已经完全从之前那次不愉快的CEO阴影中走了出来，并带领他的团队在严峻的市场环境中实现了营收的增加并扩大了市场份额，同时建立起战略平台以加速品牌的转型。在正确的背景下施展的这种领导力获得了最佳检验，通常很难被打动的该公司创始人约翰·哈迪和辛西娅·哈迪（Cynthia Hardy）对品牌如何与时俱进、在当今市场中参与竞争的同时能够秉持创立时的初心赞不绝口。

作为领导者，你会发现有许多你无法控制的东西。但你选择的工作是你可以完全控制的一件事。机会比头衔更重要——因此放慢速度，为成功做出合适的选择。

关 键 要 点

1. 弄清面试官的想法。在他们看来，什么是"安全的选择"？

2. 清晰传达出你是安全的选择。

1）散发自信、能力和令人安心的积极能量。

2）分享令人难忘的相关故事。

3）主导局面。

3. 最重要的是：确保你选择的工作是正确的！

PART 3

稳健收获：
从容面对职务挑战

第 9 章
金字塔顶端的五大危险

你即将启程去往那个好地方!

今天就是你出发的良辰吉日!

你的世界正等着你!

所以,出发吧!

——瑟斯博士《噢,你要去的地方》

2015年6月的一天,阳光明媚。玛德琳·贝尔正坐在位于费城儿童医院12楼的办公室里。这时,她接到了那个电话:她获得了CEO的职位。

玛德琳欣喜若狂。32年对工作的全情投入终于在这一时刻让她达到了顶点。她被选中领导全球最著名的儿科医院,去救助无数儿童的生命,为全世界的儿科护理树立标准。一股强烈的和踏上奥运会赛道的世界级运动员类似的情感涌上她的心头。玛德琳回忆道:"你花费了一辈

子的时间，就是在为此刻做准备。这当中有欢乐、恐惧、怀疑、希望，
令人百感交集。"对任何人来说，这都是一个令人激动的时刻。而对玛
德琳而言，在费城儿童医院160年的历史中，她成为第一位女性CEO，
同时也是第一位从护士做起的CEO。这绝对是一个具有里程碑意义的
成就。

6个星期后，玛德琳开始进入角色——和大多数新任CEO一样，她
猛然发现自己成为信息洪流涌向的中心，各类议题、紧急询问以及请求
不断汇集到她那里。玛德琳的CFO和首席法律顾问更是引领她迅速踏入
她之前从未关注过的工作领域。例如，她现在是医院的代表，同时也是
罕见病基因疗法公司（Spark Therapeutics）的大股东。这家公司是从费
城儿童医院剥离出来的一家年收入20亿美元的基因疗法公司。之前谁能
想得到呢？不论是医院内部还是医院外部，需要她本人亲自出席的活动
连续不断。而每次当她露面之后，人们都排起长队想要抓住片刻的时间
和她说上话。

她很快用新的眼光看待自己的角色："以前，我的角色实际上很
简单。那时我只有一个老板。我曾经以为CEO们是没有老板的。现在
取而代之的是成千上万的老板——全体14 000名员工、整个社会、捐
助者、董事会、每个关注我们的人。在我担任CEO的第一年，我甚至
会在午夜惊醒，感觉到一阵焦虑袭遍我的全身。大家都指望着我兑现
承诺。如果出现了重大失误该怎么办？我感觉肩膀上担负的责任十分
重大。"

任何一位新任CEO，如果能够利用核磁共振追踪他大脑的情绪变
化，都会被发现有一种和玛德琳类似的思考和反应模式。最初是兴高采
烈：哇，我做到了！真的是我吗？接着逐渐变成焦虑：噢，天哪！我陷
入了一种什么样的境地？最后情绪跌落到谷底：所有这一切现在都压在

我身上。我准备好了吗？如果我失败了会怎样？

　　玛德琳在和我们谈到CEO这一角色时说了很多。她说："CEO这一角色比我预期的要沉重得多，特别是你作为一个领导者时会有无数眼睛盯着你。只有极少的人才能理解这一点。CEO是一个孤独的职位。"

　　玛德琳一夜之间成了一位名人。无论去哪儿，她都像是站在舞台中央。"每次我参加会议，都像是位于显微镜下，"她说道，"人们都在想：她会有什么反应？她的身体语言代表了什么？她在说什么？早上醒来，我看着我的日程表：我要参加董事会的审计委员会会议，会上我有一个重要而棘手的议题；然后，我要赶去启动一个大型的筹款活动，接着是其他诸如此类的活动。就是这样，事情一件接着一件看不到头——问题是，在每个不同的地方我该如何表现呢？"

　　根据我们的经验，一位典型的新任CEO需要大约两年的时间才能适应新角色。猜猜看，一个典型的董事会多长时间后会解雇出现致命失误的CEO？大约两年。因此，你没有很多时间来证明自己。每一位新任CEO，以及每一个进入新角色的人，他们脑海里都会出现一个巨大的问号：我尚未知晓但又足以致命的事情是什么？

　　为了回答这个问题，我们深入研究了70种CEO被解雇的状况，如此我们就可以了解根本原因。我们还仔细分析了初次任职的CEO常犯错误的模式。我们对投资人、董事会成员、团队成员等进行访谈以分析原因、环境和结果。本书的第三部分致力于帮助领导者避免犯下初任CEO时会犯的巨大错误。这其中的许多见解同样适用于其他任何即将担任新职务的人。

　　许多初次任职的CEO们只有在回顾往事的时候才会明白：新的角色相较过去担任的领导职务而言，并非单纯是超大体量、更具难度的升级版。这是一份全新的工作，需要他们转变习惯、担当、注意力，以及时间、新的筛选程序、新的关系，等等。当我们对初任CEO常犯错误的模式进行分析时，我们发现他们当中超过40%的人在迅速调整领导风格以适应新职务的独特要求时表现得很挣扎。

如果你和我们一起学习了本书的前八章内容，你已经领先绝大多数人，做好了担任CEO的准备。本章旨在为你揭示5种最常见的危险，同时帮助你做好准备进行应对。初任CEO（当然在许多情况下，也适用于任何高级领导）必须应对这5种危险以调整自己适应新角色的需要。接下来的第10章将会深入剖析新任CEO们最常见的一个错误：没有迅速安排团队就位。为本部分收尾的第11章将揭开大多数新任CEO最为关注的问题的神秘面纱：如何在新世界——董事会——游刃有余。运用本部分学到的内容将有助于预防"本应早知道"的错误，为你节省更多的精力领导公司走向成功，以及处理前进道路上无法避免的突发事件。更重要的是，知道什么需要担心什么不需要担心可以解放你的思想，为成为赢家而战。

借用格劳乔·马克思（Groucho Marx）的话："要善于从别人的错误中学习，否则你做这份工作的时间都不够你自己把这些错误全犯一遍。"

危险1：躲在衣柜深处的妖魔鬼怪

你已经获得了公司的领导位置。你现在最想做的事情就是要证明你配得上这份工作。你听说过"CEO要有远见"之类的说法，因此你迫不及待地想要让董事会和工作团队惊叹于你对未来那令人鼓舞的远见。或者，也许你自豪于自己解决问题的能力并且急切地想要表现出来，比如面对一眼看不到头的重点事项清单，你能够以常人无法企及的速度将清单上所列的事项逐个解决。不管你的领导风格如何，你都急切地想要取得一个强劲的开端。因此，我们的第一条建议可能是你最难留意到的……

停下。

暂停。

在你描绘光明的未来之前，甚至在你准备摘下诱人的"触手可及的果实"之前，你需要仔细看清楚你即将面对的环境。无论你是公司内部升职还是从公司外部聘请来担任CEO一职，你即将进入一个崭新的、全然陌生的房子。在你开始你的革新计划之前，你要做的是沉下心来好好认清你所接手的是什么样的局面。你的第一项任务：再现你在每一部恐怖电影中都能看到的痛苦场景。电影里的主人公穿过房子，打开门，拉开窗帘，试图在鬼怪从背后捅刀之前找到它并制服它。

无论董事会给你的简要介绍有多准确，他们都很可能没有告诉你隐藏在淋浴间里的连环杀手。很大可能是董事会压根就不知道连环杀手的存在。管理企业的第一步是搜索每个黑暗的角落，找出真正的威胁，而不是令人毛骨悚然却无害的黑影，然后决定如何用最好的方式处理威胁。

以保罗（Paul）为例。他被聘用来主持运营我们一位客户的废品回收公司。保罗上任之前曾被告知，该公司掌握了一项开创性的新技术，可以将肮脏的塑料转变成清洁、可重复使用的塑料。听起来简直棒极了，直到保罗正式开始履行职务并发现了他的第一个鬼怪：该产品的实际功效没能达到预期。造成的结果是，产品销售周期滞后，现金流最终枯竭。保罗并没有被解雇，但他只能离开公司，因为公司已经无法再负担他的薪水。不是每一次你面对妖魔鬼怪都能够活下来，但是越早发现他们，你生存的概率就越大。

你可能发现哪些威胁？下面是一些常见的例子：

◎ 董事会的期望与企业内部现实之间严重的落差。

◎ 推给你的一个财务或运营方面的隐藏"炸弹"。例如，流失了一个重要客户、大型项目成本超支、IT实施问题。

◎ 不容置疑的习俗，或者说是文化上的盲点，可能会阻碍企业发展所需的变革。

◎ 来自下一层级或下两层级的迹象显示，你的一位担任关键职位的下属无法胜任他或她的工作或者正打算离职。

战胜鬼怪的最好方法是什么呢？让他们曝光。把鬼怪和小妖摆到你的董事会、团队以及其他人的面前，告诉他们："这就是我们现在的处境。这就是我们面对的麻烦。我们要这样去解决它们。"时钟正在嘀嗒作响：在你担任CEO的头6个月时间里，你曝光出来的任何问题都会被视为你接手工作的一部分并以此设置基准线。在此之后，所有的问题都是你自己的问题。如果你不能尽早地公开展示鬼怪，你就会永远地背负它们。利用你已经获悉的情报来设置切合实际的期望，同时制订全公司都充分了解的计划来实现这些期望。虽然作为新任CEO在履职初始就要泼点冷水让大家清醒确实很难办，但是绝对要好过一开始就设定不现实的预期并以失败告终。

当斯科特·克劳森进入康丽根——一家刚被私募股权公司收购的水处理公司担任掌舵人时，他掀开"财务地板"，发现公司的业务远远落后于计划。"前任管理层在向投资者出售公司时，曾预计该公司将实现6000万美元的税息折旧及摊销前利润（EBITDA）。当我深挖细节后发现，实际利润更接近4500万美元。我飞往纽约与我的董事会进行了几次非常艰难的会谈。最终，他们支持了我的观点。"

　　斯科特很幸运，这是他第二次为这批投资人担任CEO。他此前为同一家私募股权公司掌管另一家公司，并为这些投资人带来了近4倍的投资回报。因此，就算第一年的利润没有增长，他的董事会仍会选择支持他："我们明白，我们相信你，加油干吧。"在接下来的3年时间里，斯科特每年使该公司增长税息折旧及摊销前利润约1000万美元，不仅让公司销售额成功攀升至历史最高点，而且使一个曾经家喻户晓的品牌的经营状况实现了大幅扭转。

　　你在新工作中的第一步就是停下来：认真听取你的主要股东的意见。无论你是CEO还是中层经理，又或者是普通员工，这是真理。我们将在第11章详细讨论如何与董事会建立有效的合作伙伴关系，进而对他们如何看待你的经营、他们的需求以及他们对未来的期望有一个全面而清晰的认识。一旦你明白他们的立场，你将开始更为困难的工作，收集数据得出自己的观点。这时候就需要你展开倾听之旅了。尼尔·费斯克是比拉邦公司的CEO，我在之前第3章里提过他的事例。尼尔在刚担任CEO时每天会花一个小时与他的高级管理团队，以及至少低两个层级的经理进行谈话。用尼尔的话来说，与他们的交流得到的反馈为他勾勒出了一幅"丰富的问题线路图"，将需要解决的问题和面临的疑问清晰地展现在他面前。

　　我们甚至可以更加深入一步：到基层去；走访地区性办事处；征询员工的意见，以明确在他们眼中哪些措施是有效的，哪些是无效的；到公司之外走访进而站在更广阔的视角认识你所处的行业；访问公司外部的专家，以及最为重要的专家——客户。

　　"你不会相信我听到的东西。"积云传媒CEO玛丽·伯纳向我们介绍了她在2007年至2011年担任《读者文摘》CEO时展开的聆听之旅。

玛丽定期走访了该公司分布在全球50个国家的办事处，随机和一组由10名包括来自收发室的员工组成的小组坐下来进行私下交流。在交流过程中，玛丽会询问员工，如果担任她的职位他们会有什么举措。她会向员工们征求关于如何让公司变得更好的建议，同时把他们的想法如实记录下来。通过这种方式，她了解了公司存在的各种各样的问题，从可笑的问题（"我们主园区有严重的鹅粪问题"）到严肃的问题（"我们发现了一起支出漏税"）。

即使你足够幸运，继承了一个基本稳定的公司——像普通级惊悚片而非限制级恐怖片——你也会经常从董事会、企业员工、生产线工人以及客户那里听到互相冲突的观点。所有这些都会帮助你为今后的工作建立一个现实的基准，制定一个符合实际的目标，并判别出你必须面对的风险。

你可能无法清除每一个威胁。但事先掌握情况，即使是十分棘手的问题，可以使你避免猝不及防，让你能够在只有新任CEO才能享有的宽容环境下，有机会找出变通方案。将公司的内部问题曝光，如此你才可以着手实施足以让所有人都为之激动的、鼓舞人心的新剧本：你的剧本。

第一年的检查清单：

1. 评估企业形势并把内部问题摆上台面。

2. 制定愿景并设定战略。

3. 与你的董事会为商业计划、公司预算和前景预测设立基准以及新的预期（如可行的话还有产品市场）。

4. 实现先期盈利。

5. 评估并提升团队（根据需求）。

危险2：进入超光速紧凑生活

收发电子邮件，进行主题演讲，应对媒体采访，出席各类会议，负责公司筹款，参加各种晚会，制定大大小小的决策，接收新信息，履行各种责任——天啊！就连单纯的去趟洗手间现在都是一个即席的见面会（也是重要的时间投入）。凯文·考克斯（Kevin Cox），美国运通公司（American Express）的CHRO，同时在好几个公司的董事会兼任董事，经常有人向他寻求关于领导能力的建议。考克斯喜欢把初次任职的CEO比作一个新秀四分卫："在菜鸟四分卫看来，一场美式橄榄球比赛的节奏太快了！而优秀的教练会试图简化比赛让它慢下来。同样，新手CEO眼中的工作节奏也非常之快。他们迅速就被各种工作淹没了。他们只需要将工作节奏放到足够慢就可以发挥出色。这点非常重要。你只有这么多的机会，不然就会坐到替补席。"

虽然这种时间危机对CEO来说尤其严峻，但是对任何刚刚转变身份、开始领导更大规模的组织的领导者来说，或多或少都会遇到同样的问题。

我们询问过多位CEO当他们达到职业顶峰时关注的焦点会如何转移。对销售部门以外的非CEO企业高管们来说，他们平均花费80%的时间关注企业内部事务。而对CEO来说，他们花费在企业内部事务的时间降到了55%。他们花费在企业外部事务的时间从20%上涨逾一倍至45%。大量新的利益相关者需要CEO给予关注：你要和董事会、大小股东、监管部门、政府机关、广大客户、合作伙伴打交道，向外延伸至整个行业、媒体以及更为广阔的世界。换句话说，你将要必须承担生命中最具挑战性的工作——经营一家企业，但是相较于你在之前的岗位上经营生意所投入的时间，你现在能够利用的时间大幅减少。你能够想象只用之前三分之二的时间来完成你目前的工作吗？如何才能让这道看似不可能的数学题成立？你如何能延长时间？

首先不是要改变你关注的内容，而是改变你关注的时间。时间疾驰如箭，所以要向前看。其次设定未来的坐标，这样超光速引擎将带你前往你想要的目的地。目光长远的CEO们更能成功地引领公司顺势而动。非CEO的企业高管通常花费将近80%的时间专注于在未来12个月里产生影响的问题，CEO们则将超过40%的注意力专注于一年之后的未来。这种做法迅速为CEO们建立了一个筛选程序，他们可以据此为接下来的工作规划时间：这件事在未来一年或两年里会有重要影响吗？这样的筛选程序是新任CEO应对沉重的认知过载的关键。

第二个重要筛选程序是你的行政助理。一位CEO通过配置人员、时间和资金来实现业绩。你的助理操纵着一个关键性的控制杆——你的时间。当玛德琳·贝尔成为CEO时，她带上了过去的助理。在玛德琳担任COO时，这位助理表现得非常称职，给她提供了巨大的支持。玛德琳刚被任命为CEO，周遭的一切都陷入混乱之中，这时她欣然接受这个地位不高但又极为重要的岗位能够帮助玛德琳保持稳定。不幸的是，尽管玛德琳的角色和优先事项都发生了急剧转变，但是她的助理仍然按照过去数年里形成的老习惯来管理日程：日程安排优先考虑与医院内部人员的一对一会面。她认为董事会和其他外部委托人的请求会分散玛德琳的精力。玛德琳不得不把助理找来并告诉她："作为一名CEO，我需要和以前不同的时间安排。董事会和外部委托人现在是我要优先考虑的。相应地，许多过去长期和我打交道的人现在需要去找我的COO了。"

玛德琳作为一名新任CEO展现出了极强的可靠性。她指导助理训练其他每一个人与她互动的方式。举例来说，过去作为COO，她有充足的时间阅读一份并购协议全文并向法律总顾问提出自己的意见。而现在她需要的是归纳好的要点。"我必须从零开始建立一套制度，在这个制度下，工作人员通过某种方式将传递给我的信息进行过滤和打包。"玛德琳说道。如果提交过来的文件没有准备好，她的助理会直接把它退回去。所有提交给玛德琳的文件都需要进行概述。

　　当你开始担负起更高职位的责任时，你通常都需要训练周围的人如何与你合作。一位CEO让他的助理公布了一份关于他和直接下属进行一对一会谈的结构化模板。会谈的议程可以涵盖6个事先规定的优先领域或者其中任意几个，包括关键举措的进展、实质后果问题和职业满意度。在会议开始的前两个工作日，他要求会面的直接下属必须提交会议议程的事项提纲。

　　这种程度的程式化是否让人觉得过于苛刻和迂腐？少部分人会因为新的规矩感到恼火，但多数人会对这种关于如何与你进行有效合作的清晰告知持赞赏态度。即使你领导的是一家市值2000万美元的公司，提前两天做好准备看起来无异于痴人说梦，那么请扪心自问，你能采取什么步骤把大部分的时间和注意力分配到最优先的事项呢？很简单，只需要委派一位助理负责你的日程安排，就可以为你腾出大量的时间和精力。但这在实际中可能又很困难，尤其对一名企业家而言。罗伯·温格，一家处于快速发展期的小型软件公司CEO告诉我们："当你一直以来习惯对所有事情亲力亲为，你很难放权给一位助理，但是生活是在不断变化的。获得帮助改变了我的生活，我的日程很有效率，时间投入与我的目标联系在一起，而不是应付找上门的问题。"

　　我们曾对数十位CEO就关于如何快速在商业竞争中生存进行了辅导和访谈。在此基础上，我们为你提炼出了一些掌握"超光速"的策略：

量体裁衣：不论你默认的会议时间窗口是15分钟还是30分钟，你都要主动管理你的日程，以确保你根据议题的优先等级和复杂程度合理分配时间和注意力。就会议和谈话养成严格的习惯，做到进入、直奔主题、结束会议和谈话。与金共事过的一位CEO在给她打电话时从不会超过15分钟，除非遇到一个重要的议题，因为太过复杂和重要而无法在15分钟解决。一次，他在清早6点钟从加利福尼亚给金打来电话并进行了从容而透彻的交谈。原来，清早6点钟是这位CEO每天带着自家宠物狗散步的时间。他会专门留出这段时间用于需要更多空间和时间思考的重大决策和谈话。

核对实际日程：我们引导许多CEO以及他们的助理对日程安排进行复核，得到的结果却让他们都震惊了。这些领导者都知道他们的优先事项是什么。他们也都相信他们一直积极地把注意力集中在他们的优先事项上，而且他们也自信地认为自己很清楚时间都花在哪些方面。可他们的日程安排往往反映出截然不同的情况。我们对每项预约、每幅路线图进行了细致的分析，以找出哪些利益相关者和优先事项得到了最多的时间和关注或者相反。

通过这些检查得到的结果总是让人大开眼界。以我们最近遇到的一位CEO为例。她告诉我们她当年的首要任务是进军中国市场。结果显示她只投入了3%的时间在这项"第一要务"上。因此这家公司距离目标仍然十万八千里（同样也是字面上的意思）也就不足为奇了。不论你处于哪一阶段，复核日程都是一种非常有益的做法，通过揭示日程安排上存在的问题确保时间、注意力和行动与你设定的优先事项保持一致。首先，问一问你自己，如果有可能的话，你会如何让你的时间规划同优先事项保持一致？然后请你的助理将你的目标和你实际花费的时间进行比较。我们建议你在第一年进行两次复核，之后保持每年一次。在复核过程中，请记住下列4个问题：

1）你的时间分配能否反映你的工作和生活中的优先事项？

2）你的时间分配能否反映你在人际关系上的优先事项？

3）你在短期议题和长期议题上分别花了多少时间？

4）你在内部事务和外部事务上分别花了多少时间？

礼貌性地说"不"： 当安迪·希尔福奈尔成为IDEX公司的CEO时，一位已经70多岁的睿智导师邀请他一起共进午餐以示祝贺。"我见过很多像你这样的成功当上CEO的年轻人，所以我想告诉你一些我的人生经验，接受与否取决于你自己，"他告诉安迪，"CEO的角色和你以前的职位处于截然不同的两个世界。这个职位对人非常苛求，但同时又极具吸引力。要做好CEO，你只需要理解两件事。第一件是，没有任何事情比你的团队更重要。但是第二件则是，你要知道什么时候需要现身，什么时候不需要。"

从你被任命为CEO的那一刻起，你的人气指数就会瞬间爆发。全新的商业和社会精英圈子会接纳你；充满诱惑的社交活动会给你发来烫金的邀请函；各种理事会会邀请你加入；各种会议会邀请你发言。而就在昨天，你还坐在后排记录着其他行业CEO分享的智慧。所以，当你被邀请加入他们，完全会很容易经不住诱惑而身陷其中。感谢他的导师，安迪比大多数人更快地学会了以老手CEO挑剔的目光、不带任何感情色彩地过滤这些邀请，而不是像菜鸟CEO那样饥不择食般地热情泛滥。昨天还看上去遥不可及的诱人玩意，今天很可能是你无法承受的让人分心之物。太多的新手CEO，在面对新建立的人际关系圈时把他们说"是"的门槛设得太低了。我们经常指导初次任职的CEO在决定对什么说"是"对什么说"不"之前，摆脱像"街区新来的孩子"一样考虑问题的视角，把自己想象成已经是行业内顶尖CEO。这样才能让他们把宝贵的时间和精力从低水平的约会应酬重新引向兑现结果，进而真正让他们成为顶尖CEO。

在你被纷繁的社交邀约淹没并身陷其中无法自拔之前，你要明确你的目标。你真正想要的是什么？发展你的业务？向最棒的人学习经验？提升你的地位？最近有一位新任CEO受到董事会的严厉斥责。他担任CEO不到几个月的时间，就坐上公司的飞机前往白宫进行访问。而他的公司此时正处于艰难的转型过程当中，公司的现金流处于一种失血状态。在这节骨眼上，这位CEO接受如此高调的邀约看上去更像是借机实现个人目的而非帮助公司。每个人的情况和筛选条件都会略有不同。但在第一年，如果你只接受能够推动具体目标或让你成为一个更好的CEO这样的邀请，你会处于安全区域内。安迪·希尔福奈尔在坚持这些原则之外，还额外加了一条个人的筛选条件：他选择对家庭时间影响最小的机会。

▎危险3：放大效应及聚光灯焦点

"作为CEO，你做的任何事情都会被放大：每次拍人后背；每封电子邮件；每次表扬。你再也不能随便驻足在某人的办公桌旁了。你不得不去洗手间，而他们却会把这看成你对他们表现是否满意的一种信号。你的孩子生病了，无法参加他们的会议，他们却认为这意味着你讨厌他们提出的想法。你的一切都会被透过你担任CEO这一角色来看待。"

这一想法来自伍德拉夫艺术中心的总裁兼CEO道格·希普曼。当你随便问起一个人当上老板后最令人惊讶的事情，你一定会听到类似版本的回答。

我们把这种现象称为"放大效应"。你现在是公司的门面，公司未来的引领者，公司价值的承载者。哪怕一个最微小的举动都会在整个公司泛起涟漪。你始终处于聚光灯之下，人们会认真对你每一次的挑眉、你说话时选择的词语、你安排时间的方式进行解读。他们这样做不光出于好奇，而且是想在这些细节中找到线索来指导自己的行为。最重要的一点是：即使是昨天还和你是同一级别的同事，在你成为老板后和你的相处方式已经完全不同了。理解这一点，相应地调整你的领导风格，那么放大效应就不再是一种危险。实际上，它会成为你新的工具箱中最有效的一件工具。

在最基本的层面上，微调你的身体语言。如果整个公司都受到你情绪的暗示，你需要传递出积极性，或至少摆一张好的扑克脸。聚会城（Party City）的CEO吉姆·哈里森（Jim Harrison）信奉他所谓的"微笑法则"已经有25年了。"作为领导团队，我们可以争吵、辩论、做任何事情……但当我们走出办公室时，所有人脸上都会带着微笑。"他说。在吉姆一直保持微笑之前，曾有一位员工告诉他，他那时脸上总是一副不悦的神色，把每一位遇见他的员工都给吓坏了。正是因为这番话吉姆开始调整自己的表情，做到保持微笑。"当我在工作场所时，我四处转悠，和员工们打招呼，向他们问好——这样他们就知道我不是坏人，公司业务因此发展顺利。"他说。虽然"微笑法则"可能不适用于所有文化和环境，但你需要运用肢体语言向你的公司传达信心、展现积极前景。

你随便发脾气、不加掩饰地流露情感的时光已经结束了。作为CEO，慎重和精确地表达负面情绪为的是达到预期的效果——而不是完全任由情绪支配。弄清你的触发点，然后努力控制它们。正如技术服务公司CSRA的CEO拉里·普莱尔（Larry Prior）喜欢说的那样："作为CEO，你的级别如此之高以至于不能无目的地发脾气。"一位一直接受我们咨询的高管在遇到困难的谈话时会把手放进口袋里掐自己："当我发现接下来会有事情让我感到恼火时，给自己一个剧烈的、肉体上的提醒可以让我保持冷静。"

CEO的言行中被放大的远远不止情绪上的波动：人们会将你的一切言语和所作所为作为可能的行动指示。汤姆·莫纳汉，商业信息服务公司CEB的第一位非创始人CEO，曾在公司的波士顿办事处待过一天。当时他和一位团队成员分享了他的往昔岁月。"我告诉他，我在波士顿长大，从这个办公室的窗户可以看到我的整个人生，"他告诉我们，"我读书的高中、我上学乘坐的火车、我父亲的办公室……从这个位置我可以看到这一切。"多年以后，CEB开始关闭合并一些区域的办公室。汤姆惊讶地发现，波士顿的办公室不在任何潜在的关闭名单上。他听说所有人都认定波士顿办公室的地位是不可动摇的，因为"它在汤姆的心里具有特殊的意义"。

汤姆数年前在旁人面前流露出的片刻怀旧之情，如今有所回响，成为做出高成本决策的全部原因，而这一切绝非他的本意。"类似这样的事情还有多少？"他感到疑惑。

一旦你认识到了"放大效应"不可思议的巨大力量，就要找机会充分加以利用以最大程度达到积极效果。以汤森路透公司CEO吉姆·史密斯为例。他告诉我们，在英国退出欧盟的第二天，他参加一个电话会议。哈佛大学经济学家、前任财政部部长拉里·萨默斯（Larry Summers）称英国退出欧盟是第二次世界大战以来欧洲发生的最糟糕的事情且没有之一。吉姆向他们公司在伦敦办公室的同事问道："今天伦敦那边感觉如何？"他们回复说："感觉就像遭受了'9·11'。"会议进入正题之前是一次随意交谈，但是吉姆心中闪过一个念头："这是我的职责——领导大伙儿渡过难关。"他没有附和他们低落的情绪，反而用一种积极的语气说道："让我们记住，任何混乱的局面，永远意味着机会。"他谈到公司有责任帮助客户找到那些机会。"我们要保持专注力在客户身上。让我们把注意力集中在我们能够控制的事情上，然后尽我们的最大努力做到最好。"他说道。通过简单的几句话，他缓解了员工们低落的情绪，并让他们明白：尽管形势剧变，但他们的力量是真实而重要的——安下心来的员工们在接下来的几小时、几天甚至几周里都能够正常工作。

你面对的全新现实情况就是如此：每一个动作都很关键，每一个姿势都大有深意。你的言语不再是冥想、玩笑、信息，抑或是不经意的想法。它们是宣言，具有塑造未来的力量。好好利用这些，为你的事业创造你理想中的未来。

危险4：智能手机不只是计算器

也许你也看过一部老剧《宋飞正传》（*Seinfeld*）。在其中一集里，杰里的爸爸把一部巫师电子记事本单纯当成小费计算器来使用，这让杰里发了疯（杰里："这压根就不是用来干这个的！"）。当一位总经理升职当上CEO，他的表现和杰里老爸不会有很大不同——只不过代价十分高昂罢了。我们分析了70位CEO被解雇的案例，其中五分之一的CEO被解雇的原因是没有充分利用自己能够利用的整套商业手段——CEO特有的能够对结果施加影响的方法。许多初次任职的CEO是经历特定的职业道路走上这个岗位的，比如财务管理或者市场营销。突然之间，这些新任CEO开始负责整个企业，包括之前从未担负过的职责。可供CEO们使用的价值创造手段是独特的，通常也是许多新任CEO不熟悉的。首先也是最重要的，CEO的任务是为企业制定商业战略和发展前景。在担任CEO之前，你的重点可能在某个单一的职责或业务部门内执行商业战略。如今作为CEO，首要职责是了解公司内部和外部条件，对整个行业形成整体认识，并以此为基础，为公司设立战略发展方向。

一家投资公司最近聘请我们帮助分析在他们一家零售企业任职的CEO工作低于预期的原因并提出对策。桑迪（Sandy）过去一直是一位极其出色的总经理。她凭借手上少数几个零售点硬生生带来了令人印象深刻的销售增长，其秘诀就是无与伦比的店内经验：微调在售货品并加强推广、适时开展促销、增加销售人手促成顾客购买。当她成为CEO后，她的重点从未偏离商店内部。但是，真正的威胁来自公司外部。信贷市场的紧缩让公司难以获得所需的融资。一些行业的下行趋势引发的"完美风暴"导致增长放缓。她在领导公司发展的进程上一直苦苦挣扎，因为她只相信她以前的专业所带来的经验。她从不后退一步为公司发展确定方向。公司需要的是一位强力的CEO，而不是一位很棒的总经理。

我们亲眼见到一些CEO因为沉湎于过去的成功经验而受到挫折：从CFO升任的CEO在一个极度需要增长的企业里把过多的精力放在追求降低成本；运营高手实现了生产效率的巨大提升却因为汇率损失数百万美元；销售带头人扩大了客户群却没有提升产能，很快撞上了南墙。不要一叶障目。

作为CEO，你的工作需要跳出某个单一职责范围，站到全局的角度来整体看待企业，发现阻塞点，引导资源到可以产生最大效力的地方。

那么，CEO的新手法究竟是什么？下面是新任CEO们通常没有充分关注到的三个手法。

手法1：文化塑造

在我们的咨询工作中，初次任职的CEO和经历过一个成功任期准备好传递接力棒的CEO之间的对比常常让我们感到震撼。许多即将退休的CEO在事后回想时都认为企业文化的改变是他们任职以来最困难，同时也是他们多年来在工作当中进行的众多改变中影响最大的。他们经常希望能够再早一些在企业文化上投入更多关注。即使他们准备卸任了，他们中的许多人还是热切希望强化企业文化和信条，以期在他们任期结束后仍然能够延续。

具有讽刺意味的是，当我们为新近任命的CEO提供咨询时，他们通常很容易认同企业文化非常重要，但往往不能及早采取行动，因为眼前有更为紧迫、更"艰难"的重要事项。忽视公司文化就像在空气污染严重的城市进行马拉松训练并对警告置若罔闻，因为你不得不跟上训练计划。你很可能练着练着就走进了坟墓。反之，那些初期就把企业文化作为优先事项的CEO通常会看到自己的努力得到指数级的回报。

2010年，伊恩·里德（Ian Read）被任命为辉瑞公司（Pfizer）的CEO。当时，该公司正处于穷途末路。他接手的时候，公司深陷腐朽的政治文化当中，缺乏信任和创新。利润最高的药品的专利即将到期，股票价格约为15美元/股（由2006年的24美元/股跌落至此）……很多重要的业务问题需要关注。伊恩的第一板斧是什么？在他任CEO的第一天，伊恩提出重塑企业文化，他认为这才是扭转业绩的基础。伊恩和查克·希尔（Chuck Hill）——他的CHRO，不遗余力地改善企业文化，并通过实际行动予以支持。现今，诸如"有话直说"和"敢于尝试"这样的理念越来越深地融入辉瑞公司的生活方式中。

伊恩和查克将每一次互动和重大决定视为一次强化他们追求的企业文化的机会。2014年，辉瑞公司寻求以1180亿美元收购阿斯利康制药

（AstraZeneca）——这是一项非常引人注目的交易。当阿斯利康制药的董事会要求将收购价格提高10%的时候，伊恩决定放弃。第二天早上，伊恩主持召开全公司全球范围内的大会。他坦率地承认对放弃收购阿斯利康制药感到失望，并抓住这次机会来强化企业文化："要成为制药行业的领头企业，我们必须'敢于尝试'。我们必须勇于冒险。这笔交易是我'敢于尝试'的举动。它没有成功，但一开始这是一笔正确的交易，当价格太高时放弃交易也是正确做法。你们已经看到了我的尝试，目睹了我的失败，也见证了我为了新的一天坚持奋斗。我鼓励你们每一个人为了让公司变得更好而勇于冒险，敢于尝试！"伊恩清晰的信息传达和他的模范带头得到了回报。如今的辉瑞公司比7年前伊恩接手时变得更健康了，股价已经涨了一倍，企业文化也从让人感到恐惧变成了让人引以为傲。

汤姆斯已经撰写过关于企业文化的文章，我们在这里不再赘述。你只要记住：无论你是否打算专注于公司文化，它都会像空气一样无时无刻不在影响你的业绩。你将会想要主动去塑造公司文化。对于一位事务繁忙，甚至可能有点应接不暇的新任企业领袖，我们提供三个行动指南以助你为企业打上文化印记。

1. 你要如何始终如一地宣扬和塑造你所追求的行为？
2. 你把时间和注意力放在哪儿？
3. 你聘请谁，解雇谁，提拔谁？

如果你什么都不做，每年要问一次自己，身为CEO你的意图是什么，以及你在将意图转化为上述的三组行动上能够做到什么程度。

手法2：财务战略

当你成为CEO时，你很可能是一位企业运营方面的专家。作为部门主管或总经理，你过去所有的精力都一直放在拉动利润增长上面。而作为CEO，你必须同时利用好资产负债表和损益表来创造股东价值。你如何分配资金？你如何管理现金流、优化缴税、资本投资、寻找潜在的收购？

塞斯·西格尔（Seth Segel）5年前经埃琳娜向公司董事会推荐受聘担任伍德伯里保健产品公司（Woodbury Prodults）的CEO，这也是他在职业生涯中第一次担任CEO。上任伊始，塞斯将一名新任CEO需要着手的最重要的工作列了一份清单，而排在最靠前的是：为CFO专门腾出时间，以便他或她带着自己浏览损益表、资产负债表，以及现金流。解决各类财务方面的问题，如："公司对花费最高的单项产品有多大的控制力？什么是现金转换周期和预计资本支出？公司关于收入确认和折旧等关键项目上的政策是什么？我们与主要贷款方的条款是什么？"

如果财务不是你的专长，你一定要找到某人帮助你学习。当史蒂夫·考夫曼从艾睿电子公司的一个部门主管被提拔担任公司CEO时，他对"华尔街那套玩意"毫无准备。他是一位典型的管理者，他非常了解损益表。"但是我真的不懂资产负债表那套金融工程，也不懂如何与分析师和投资人打交道。"

史蒂夫在当时的董事会主席的帮助下，针对金融工程和投资人关系紧急补课。

手法3：企业外交

一位CEO所处的全局视角会自然而然将自己的影响力范围扩展到公司以外。你所在公司的成功会受到你所生存的大环境以及你在其中扮演的角色的影响。不论你是引领整个行业的全球旗舰型企业，还是一个新进入的搅局者，抑或是希望保持低调的地方小企业，都会因忽略整个行业以及更为广阔的地缘政治、监管以及宏观经济动态而自食其果。为了设立正确的路线并掌控业务，作为CEO必须熟悉（并且经常试着施加影响）其公司运营的领域和环境。建立联盟，打造公共关系，与地方政府、行业团体、国家机关，有时甚至是全球级别的组织打交道——这些都是可以利用的手段，用以积累所需的影响力以全面制定作为CEO的未来日程。

2001年9月15日，达美航空公司（Delta Air Lines）CEO李奥·穆林（Leo Mullin）正在他的办公室，透过窗户看着"9·11"恐怖袭击过后达美航空第一架起飞的航班。尽管飞机已安全升空，李奥知道他的公司——乃至整个航空业——都深陷困境。那起恐怖事件造成的后果使人们真的不愿乘坐飞机了。机票销售以及其带来的营业收入都枯竭了。

对航空业这样一个固定成本巨大的行业来说，这种情况等同于公司收入急剧下滑。即使达美航空公司的财务状况在整个航空业内最为稳健，面对即将到来的巨额经营亏损，其现金也只能支撑短短几个月的时间。

李奥回忆道，他第二天清晨5点醒来，看着镜子对自己说："我必须应对这种局面。这是我的责任。"他意识到，光靠达美航空公司自身是无法应对量级如此巨大的问题。其他所有主要航空公司都处于相同或更糟的境地。在此紧要时刻，毫无疑问CEO们的责任早已超越了公司的范围和个人利益。直到那天上午10点，李奥一直在和美国其他航空公司的CEO们通话。在一周的时间里，他作为航空业的代表一直在座无虚席的参众两院做证，引导航空业和政府部门的关键人士出台痛苦但必要的解决方案。李奥的迅速行动推动政府批准了一项价值150亿美元的一揽子援助计划，从而挽救了整个航空业。

这些是应对非常时期的非常措施。无论是执掌世界500强公司应对全国范围的危机，还是与地方政府就医疗报销或是房产许可证进行谈判，一位CEO必须做好准备履行其作为与外部世界进行联系的公司大使的职责。

重新校准你的能力

CEO是一个全新的工作，和你之前所做过的任何工作都不同，你过去的能力之源不见得一定适用。你凭借什么爬到这个位置？是对公司业务了如指掌，还是公司里最聪明的那个人？是掌握关键客户关系，还是CEO对你的厚爱？每位CEO都需要坦诚地评估一直以来让自己受益的才能和能力之源，然后主动重新校准工具（时间、注意力和团队）以确保在担任CEO这一全新角色后能够恰当地设置关注重点。毕竟每家公司都是不同的，每个CEO的职位也是不同的，但一些共同的模式还是适用的。

◆ 知识和洞察力。赋予CEO能力的知识是对公司业务的全面了解，而非某一职责或企业分部的专业知识。

◆ 获取信息。赋予CEO能力的信息主要是解读公司外部整体大环境趋势及其对公司的影响，而不是企业内部的具体信息。

◆ 正式和非正式的网络。CEO专注于建设公司外部网络并重新审视现有的内部网络。

◆ 忠诚。你的团队能始终追随你并保持忠诚现在比老板对你的忠诚更为重要。

◆ 职位权力。最好的CEO都谨慎使用职位权力。

危险5：独立办公室是心理竞技场

妖魔鬼怪、时空扭曲、聚光灯、爆炸性的压力。到目前为止，我们已经谈到了一些让人感受强烈的领域，而它们全部加在一起为危险5创造了完美的条件：作为CEO的每一天都可能在心理上极度混乱。每一天你都在经受考验。赌注很高。你每天做出的决策都将影响成千上万的员工以及客户的命运和财富。你常常觉得你正在成功和失败之间的刀尖上游走。这个角色看上去拥有终极权力和力量，但仍然有很多事情是你无法掌控的。

你唯一能够完全掌控的事情就是，以绝对的最佳状态投入这段高风险且障碍重重的旅程，努力表现并最终赢得胜利。

在某些CEO身上，我们看到令人眩晕的权力和名利交织在一起导致自我膨胀并表现得以自我为中心。囿于CEO的职责和压力，他们往往甘愿冒险抛开礼仪甚至道德。我们最近指导的一位企业领导人在为数不多的公司CEO候选人中排名靠前。但是，这位领导人却因为近距离看到权力如何让人一步一步腐化而对是否接任CEO感到犹豫。"我已经看过太多的疯狂了，"他告诉我们，"我不想像上一任CEO那样喝醉酒后拿椅子砸镜子或者和自己的助理上床，而且我绝对不想像上三任CEO之前的那个人一样去蹲监狱。"另一位CEO告诉我们，他因为忽视婚姻而离婚——不全是因为他只顾埋头工作，还因为他总是跳上公司的飞机亲临每一个影响力巨大的活动现场，无论活动地点离家多远，即使是远在地球的另一端也绝不缺席。

最后，在所有心理挑战中持续时间最长同时也是最为普遍的，就是孤独。我们为撰写此书时对众多CEO进行了访谈，为避免老生常谈的"高处不胜寒"，我们从没有问过他们是否感到孤独。然而，一次又一次，这些CEO自发地谈起"孤独"这个话题，并非常希望能够帮助其他人做好准备承受CEO这一角色难以负担的孤立感。在公司内部，你是独自一人的团队。就在昨天和你还是同级的人现如今变得对你恭敬顺从，或许还有更糟的，因为你得到了他们想要的工作而变得对你疏远冷淡。很多人会对你产生依赖，而你却没有一个可以完全坦诚相待的人。就像汤森路透公司的吉姆·史密斯说的那样："有时候你可以感觉每个人和你打交道都是出于某种目的。他们可能是为了给自己的部门争取更多的投资。他们可能是想要降低我的预期。不管怎样，一旦你当上CEO，就不存在'单纯的谈话'。"

即使在这种巨大的压力环境里，你仍然可以茁壮成长，因此自我调节显得如此重要却比以往任何时刻都难以保持。以下是一些经过成功CEO证明过的有效方法。

1. 创建获胜的惯例

美国职业棒球大联盟的球员们因他们刻意的迷信行为而广为人知：特克·温德尔（Turk Wendell）投球时脚上不穿袜子、嘴里嚼着黑甘草、每局之间必须刷牙且从不忘记的行为很著名。勇士队的球员埃利奥特·约翰逊（Elliot Johnson）在防守时嘴里嚼葡萄味口香糖，击球时嘴里嚼西瓜味的口香糖。奥运游泳选手迈克尔·菲尔普斯（Michael Phelps）有一个惯例，在任何重大比赛前两小时内限制自己所有的动作。这些不仅仅是迷信行为，也是一种仪式。世界级运动员利用这种仪式让自己的精神做好准备，以便拿出最佳表现，消除所有现场乃至生活中的杂音和分心之物，专注于他们的运动需求。

CEO也不例外。他们需要遵循严格的仪式和惯例使他们保持言行一致、脚踏实地，从而让生活变得简单。这样的手段让他们能够在糟糕的客户会面后按下心理"重启"键，一分钟后以焕然一新的面貌胸有成竹地参加董事会会议。它们也为你打下基础，让你避免日常焦虑，晚上也能睡个好觉。就像运动员一样，CEO可以从长期遵循惯例中获得益处，确实地使自己处于高峰状态。

亚比拉软件公司前CEO克丽丝塔·恩兹利喜欢自言自语，她总是不断提醒自己："我的办公室里没有一颗装在冷藏器里的肝脏。这不是生死关头。"非营利组织"Teach For America"的创始人温蒂·柯普（Wendy Kopp）每天早上都会跑步。她的继任者，马特·克莱默，该组织的现任CEO这样告诉我们，"不管她多么疲倦，不管什么时候，她都会从床上爬起来。如果必须在凌晨4点起床，那就凌晨4点。在那个时间里，她会把所有事情放在一边思考世界"。与我们合作的一位CEO知道，如果他需要一些不会因为一直有人问他问题而被打断的安静的时间，那他只有一个地方可以去：牙医诊所！

无论是什么样的获胜的惯例，只要对你最有效，现在就建立它们。把它们变成日常习惯，这样当你最需要它们时它们便会助你一臂之力。

2. 防止"个性丢失"

多姆·巴顿（Dom Barton），麦肯锡公司的管理合伙人（也就是CEO），曾和麦肯锡的传奇员工泰德·霍尔（Ted Hall）一起在新加坡的一辆出租车里待了20分钟。多亏了这20分钟，多姆才认识到他是"个性丢失"的受害者。那天早上7点半，多姆和泰德原本计划在酒店大堂碰头后出发，于8点钟和新加坡财政部长举行会谈。当泰德出现时，多姆吃惊得下巴掉了下来。

　　多姆回忆道："泰德·霍尔是一个高大热情的家伙。他穿着一件大红色的夏威夷衬衫。"多姆当即恳请他去换件衣服："你不能穿着夏威夷衬衫去和财政部长会面！"

　　泰德完全无动于衷。多姆只剩一个选择：要么让泰德穿着这件衬衫，要么光着身子。最后，他们上了出租车，多姆想准备一下与财政部长的会面。他让泰德把带来的文件给他。泰德耸耸肩："什么文件？"多姆开始斥责泰德，可泰德截住了他的话头："多姆，就算我带了文件，我也会撕碎后扔出车门。"被惊呆的多姆喃喃道："也许我们应该取消这次会面，你累了。我想你的时差还没倒过来……"

　　泰德再次打断他的话："让我反问你一个问题：你是一个有趣的人吗？答案是：不，你不是。事实上，我觉得你是我见过的最无趣的人。我知道你刚进入公司时还有自己的兴趣爱好，但是现在公司已经把那些全吸干了。这是个问题。我是个乐手，会吹奏法国号。我创立了一个爵士唱片品牌。我驾驶帆船横渡太平洋。你做过什么和工作无关的事吗？为什么其他人一定要围着你转？"

　　泰德的话虽然听着很刺耳，但从中流露出这位深受多姆敬重的男人对多姆严厉的爱。真相就是：像许多现任和未来的CEO一样，多姆已经沦陷在"个性丢失"当中。他的企业身份、他对工作的过度关注已经吞没了他的人性。这种情况实在太容易发生了，其引发的问题也会随着你地位越来越高而被进一步放大。如果你光披着一副人类的皮囊而内里空空如也，你很快就会筋疲力尽，但这还不是最糟糕的。如果人们发现头衔背后并非活人时，你无法有效地领导他们。

　　保护你的个性不要丢失。投入时间培养自身与CEO的工作或地位无关的特质。现在，多姆把时间奉献给了自己喜欢的事情——跑马拉松、陪伴朋友和亲人，还有读书看报。他做这些不只是为了放松休闲，也是为了了解自身所在行业之外的广阔世界。作为一名高层领导，他已经努力保持全面发展。多姆还开发了一个有16个指标的仪表板，其中包含几个幸福指标。他可以通过追踪观察这个仪表板来确保他不会忽略个人生活。他可能永远学不会法国号，或是在纳帕山谷种植卢瑟福葡萄并获奖（这是泰德·霍尔最近的冒险之一），但是这些并非他所需要做的。重要的是，多姆·巴顿把时间和精力投入于做真正的自己。他还特别强调要让成长和学习成为自己的公众形象的一部分。如果你能向自己和其他人承认：你并非全能超人，你同样有弱点、会犯错。对你而言CEO的职责就不会显得那么沉重了。

那天在出租车里，泰德·霍尔向多姆讲述了领导能力的真相："领导人的职业生涯有三个阶段。第一阶段，你因为你的能力而闻名；第二阶段，你因为你的知识而闻名；第三阶段，人们因为你的个人魅力而想要追随你。"对所有的领导人，尤其是CEO而言，这是确凿无疑的。

我们见过许多领导人，随着逐步接近CEO这一职位，他们尽力克服这样的职位对自身个性的影响，努力协调工作需求和个人本性的关系。举例来说，普林斯顿神学院院长克雷格·巴恩斯告诉我们，他最初纠结是否接受这一职位时，就是担心掌管这样一个以骄傲和自大闻名的神学院与自己作为基督徒的信念背道而驰。另一位领导人，出了名的不拘小节，幽默率性。她就担心在担任CEO时不得不戴上一个不自然的僵硬面具。到最后，那些忠于自我的CEO比起那些戴着面具的人要成功得多。

3. 找到知己和参谋

作为一名CEO，建立关系网，罗致其他行业的顾问，这项工作永远不会为时过早。这些人都明白在半夜醒来想起你必须负责的成千上万员工及其家庭的感觉。他们同样可以在不受你权威或自己议程的影响下提供商业建议。一旦你成为CEO，无数帮忙的人会涌向你提供建议：你多年来从未听说过的咨询师、银行家、律师、教练和行业熟人。一夜之间，你变成一块磁石，吸引一大群渴望帮助你的好心人。你需要的是一个值得信任的小圈子，而不是一支军队。下列筛选程序可以帮助到你：

◆ 未来计划：当你向潜在的帮手寻求建议时，是否不牵涉他们的自身利益？如果不是，关于未来工作计划他们是否至少对你和他们自己保持透明？他们的未来计划中哪部分和你的计划有冲突或是一致？举例来说，你的银行家或律师告诉你追求更大的收购，是因为能很快让你成为市场份额的领导者，还是因为他们会从这笔收购中获得更大的交易费用？除非你们之间能坦诚交谈，而且他们愿意将他们的未来计划对你保持透明，否则别理睬他们。

◆ 化学反应：很难相信一个你不喜欢的人，尤其是当你寻求支持这种既情绪化又很务实的时刻。一位CEO曾经告诉我们，只有在感到"迫不及待要花更多时间与之相处"时，她才会挑选那个人当教练。无论你产生化学反应的门槛在哪儿，确保与你挑选的顾问相处时能够感受到化学反应。

◆ 工作能力：这些人知道何谓"伟大"吗？他们可以挑战并提供全新或更广阔的观点吗？他们是所在领域最棒的吗？当你坐上CEO的位置时，你很大概率已经有了值得信赖的顾问。现在是时候好好想想，他们是否足够强大来帮助你继续前进。

这是一个不得已的"美中不足"的章节。本书的第一部分和第二部分主要是帮助你获得梦想的工作。本书的第三部分，我们试图保护你在当上CEO后避免常见的障碍和易爆的地雷。我们有意识地聚焦于最有可能出现的错误以及如何防止它。有这么多伤脑筋的事情，你可能好奇CEO们是否真的喜欢他们的工作。答案我们听过几百遍：喜欢！喜欢！喜欢！拿玛德琳·贝尔来说吧。今时今日的她和出任CEO第一年的她看上去已经有很大的不同了。这些日子，她的生活充满了"美梦成真"的时刻。例如，最近一次公开展示中，医院的遗传科学家里诞生了一位又一位的超级巨星。"在这些时刻——我绝对经历过很多这种时刻——我感到非常自豪和兴奋，"她说，"我终于有了董事会主席大约18个月前和我谈话时提到的那种感觉，达到职业生涯顶峰的那种兴奋和真实的快乐。"

当我们问起CEO们在担任这个职位时有哪些时刻会感到"美梦成真"时，我们原本以为答案会是到白宫出席会议，唯一受到邀请参加世界经济论坛的聚会，或坐上公司的飞机去往私人岛屿。CEO们极其享受这一职位带来的额外待遇和特权。然而，当被问及最美好的时刻是怎样的时候，大多数人，无论是来自市值5000万美元的公司还是世界500强企业，都告诉我们类似的故事。最伟大的时刻，就是自己的团队因为一场胜利而欢欣雀跃，而他们看在眼里并清楚地感到，正是自己的领导让这一切成为可能。这也将我们引向下一章的内容——通常对CEO新人来说提到最多的一个陷阱：选择合适的团队。

关 键 要 点

1. 祝贺你！你成功了！无论你现在感到多么兴奋还是压力山大，这都很正常。大约需要两年你才会在CEO这位置上感到舒适。

2. 花大力气搞清楚你进入的环境。你不知道的东西会伤害到你。

3. 掌控你的日程安排和近期时间分配，不要反过来被它们控制。

4. 习惯每时每刻待在聚光灯下的生活。微笑！这是笔好买卖。

5. 充分利用CEO这一职务赋予的所有手段。如果你还是以之前的老眼光来看待这个世界，你就没有做好CEO这份工作。

6. 深呼吸。然后获取支持，这能帮助你游刃有余地处理CEO所面临的历练和磨难。

第 10 章
快速整顿你的团队

让你摔一跤的往往不是你不了解的，而是你自以为太了解的。

——马克·吐温

你能获得今时今日的地位，很可能至少有一部分原因是你组建了世界级的团队从而赢得了声誉。事实上，你聘请和指导的领导者可能就是让你骄傲的重要源头。很多忠心耿耿、富有才华的人追随着你从一家公司到另一家公司。你知道要解雇一个人是多么痛苦，但是你也知道对撤掉一个表现不佳的人久拖不决对谁都没好处。

这就是为什么几乎我们遇到的每一位CEO在刚走马上任时都对组建自己的团队感到非常有信心。"这个我在行。"他们会说。但现实情况却是：建立团队这个挑战是新任CEO们最常见的挫折。尽管有大量的管理经验，但我们采访过的CEO中有75%的人在组建团队时犯下了痛苦的错误。

大部分高管在整个职业生涯里都认为自己在发掘人才方面做得很棒，为什么偏偏在当上CEO时会付出代价呢？因为在CEO这个级别，糟糕的聘用决策造成的损失比以往任何时候都更加严峻，影响面也比以往更加广泛。作为CEO，时刻身处聚光灯之下，身受公司运营的无情压力，这一问题变得更加突出。

拉杰·古普塔（Raj Gupta）1999年成为特种化学品公司罗门哈斯（Rohm and Haas）的CEO，这家公司现已被陶氏化学公司（Dow Chemical）收购。以他当时面临的状况为例。拉杰在二十出头的时候只身从印度来到美国，当时他的口袋里只有8美元，没有人会想到他有朝一日将有机会成为CEO。作为一名机械工程师，拉杰在一家化学家组成的公司里打造自己的职业生涯，他非常清楚一个强大团队的重要性。他从公司内部一步一步晋升为CEO，凭借对每一位同事的了解，拉杰对谁去谁留有着强烈的直觉。

然而，他的直觉与现实格格不入。拉杰接手了一个看上去很棘手的问题：我要怎么处理在竞争CEO职位中失败的那个人。亚瑟（Arthur）已经在公司工作很长时间了，公司董事会和员工们都非常尊重他的经验和资历。在拉杰成长的文化环境中，解雇像亚瑟这样的人"不是赢得CEO这一职位的人应该做的事情，尤其是董事会明确表示想要留下他"。拉杰回忆道。亚瑟是不可撼动的。由于没能得到CEO的职位，亚瑟的失望之情溢于言表，对士气构成了拖累，最终给公司业绩拖了后腿。拉杰坐视问题不断发酵，只能想尽各种办法堵漏洞、找变通。与此同时，公司在他任期的头几年正处于剧烈的动荡之中。2001年的金融危机重创了该公司——股价暴跌，公司不得不冲销大量债务，客户们正在减少与公司的业务往来。对任何新任CEO来说这都是一个极具挑战性的开端。而在拉杰看来，这感觉就像职业生涯的生存或死亡。和许多人一样，拉杰同样发现，"快速找到合适的团队"这句话说起来非常容易，但实际操作起来却非常困难。即便承受着亟须证明自己能力的巨大压力，拉杰仍然认为自己没有解雇亚瑟的权力。因此他一直让这位表现不力的高管待在自己的团队里。直到有一天，公司董事会打来电话："拉杰，你打算解雇这个人吗？还是说要我们自己来？"

拉杰不仅保住了职位，而且在接下来的9年时间里领导公司取得了巨大的成功。2008年7月，他在金融危机期间将罗门哈斯公司以180亿美元的价格出售给了陶氏化学公司，从而结束了自己的CEO任期。但当回顾初任CEO时遇到的人才问题，拉杰现在有了清醒的认识。"那时候我们是不是失去了推动力？我们是不是失去了牵引力？"他说，"是的，我们确实失去了推动力和牵引力。如果时间倒流，我会采取不同的做法。"拉杰知道正确的答案，但感觉到自己的手脚被束缚了。只有事后想起才明白，他应该也需要动作更快。

我们看到不同版本的类似剧情不断重演。具体的原因可能会有所不同，但结果是一致的："我知道这是正确的做法，但我无法立刻动手去做。"费力地采取行动来进行人事变动，其风险令人感觉极其真实和有形。另外，找到正确的人进入团队，其好处又会令人感到如此短暂和不确定。

团队问题，比起董事会，抑或是我们已经讨论过的5个隐藏危险中的任何一个，会给CEO们造成更多的难题。如果你在职业生涯的初期就阅读了本章内容，比他人先一步熟练掌握建立获胜团队的能力，想象一下你可以获得多大的职业助力。

我们在本章中分享的方法是基于真实世界的条件设计的。在你升任CEO的那一刻就立马构思出完美无缺、精心挑选、全明星组成的团队可能只是一种美好的幻想。尽管如此，你必须迅速做出必要的人才队伍的变动。我们访谈过的成功CEO们都主动升级了自己的团队，在任职的头18至24个月时间里将接手的团队中40%到60%的直接下属进行了更替。

　　每位新任领导者遇到人才问题想到的第一个问题应该是："我如何能以最快的速度把问题从整合团队转变为整合成我的团队呢？"

▌就职演说

　　你们已经听过吉姆·柯林斯（Jim Collins）经久流传的格言："首先找人，然后再做事。"他对人才的强调无疑是正确的，但是当我们为新任CEO提供建议时，我们实际上把柯林斯的建议给倒过来了。事实证明，解决"人的问题"最好的方法是告诉你的团队"要做什么事"。你作为领导者代表的是什么？你的到来对整个企业以及这个企业里的每一个人意味着什么？

　　所有人都知道，一位新的领导者会给企业打上自己的烙印。新领导者的到来通常会带来新的活力并为积极性的改变创造势头。但这同样也会在广大员工之中引发很大程度的焦虑情绪。作为一名新到任的领导者，你可能都还没弄清从自己的办公室去洗手间要怎么走，而你的员工们已经花了大量的时间用谷歌来搜索你的个人信息，推测你的领导风格，并设想这些对他们的影响。你的到来意味着不确定性和潜在威胁，很快会演变成员工们的离职风潮，你甚至有可能会失去你最好的员工。你有且只有一次机会给大家留下第一印象，而且你可以百分之百确定，企业的团队正在观察并解读你说的每一个字、做的每一个动作。在不确定的情况下，大多数人总是会把事情往最坏的地方想，注意力也会从对高效益的追求转移到应对灾难。因此，你进入CEO角色的方式，对设定任期内正确的势头和基调至关重要。最优秀的CEO会抓住这个机会，在第一时间就利用我们常说的就职演说来塑造他们领导力的传奇。

2006年，当硅谷传奇投资人梅纳德·韦伯（Maynard Webb）成为云计算呼叫中心公司LiveOps的CEO时，他对下属极为严苛的作风已经传遍了整个公司。在此之前，韦伯在线上购物网站eBay担任COO时发挥了关键作用，将eBay从一家仅有250名员工、营收为1.4亿美元的公司发展成为拥有12 000名员工、营收逾45亿美元的科技巨头。在联系紧密的技术圈里，他取得的成就已是广为人知，当然他那强硬的作风也是如此。当梅纳德入职LiveOps时，公司拥有的是一支年轻、充满活力的团队，崇尚的是轻松有趣的文化。

当梅纳德踏上讲台开启他的首次CEO职业生涯时，他热切地和员工们分享他对公司的愿景，以及自己一想到公司美好的未来就兴奋无比的激动心情。当他允许员工提问时，公司团队提出了早就埋在心里的另外的担忧。"我听说您在eBay时对工作人员逼得很紧，"一位高级工程师问道，同时也说出了很多人的心声，"这会对我们产生怎样的影响？"对一些团队成员来说，摆在面前的机会固然诱人，但和无法平衡工作与生活的恐惧比起来，就黯然失色了许多。

虽然对这个问题感到惊讶，但梅纳德在设定基调的机会面前没有退缩。"我知道你们在LiveOps有很高的期望。eBay是一家非常成功的上市公司。我们目前还没有达到那一步。所以，是的，我们必须努力工作。"他告诉大家，"事实上，我们必须比在eBay更拼命地工作。如果你不想那样，你就不应该在创业公司工作。"

他勇敢地利用这个机会宣布他的立场：高期望、高标准以及对即将面临的挑战保持坦率务实。然后，他在演说的最后为团队做出一个有力的结尾："因为我们在eBay工作时如此努力，很多人现在已经彻底不必工作了。我希望通过我们的努力，让在座的许多人也实现这个目标。"
他的观点很明确：努力工作可以让我们所有人走向辉煌，不论是作为一
个整体还是单独的个人。

　　通过简短的讲话，梅纳德发表了一个极简版的、伟大的就职演说。
这远远不止是一个鼓舞士气的讲话那么简单，这是一篇内容具体、朴实
无华的声明，告诉所有人你是谁，你的目标是什么，以及要实现目标需
要什么。这些问题是如此重要，必须明确交代而非任人猜测。你在准备
就职演说时要考虑的关键问题如下：

　　◆ **你对当前的评估**：你对公司目前的健康状况有何看法？在你回
顾了解到的业务情况时，关键是要对你上任之前公司取得的成就和胜利
表现出真正的尊重。指出差距和机遇也很重要。生动的个人信息和事例
将展示你与员工以及业务的联系。

　　◆ **你对未来的展望**：普通的CEO们会准备一个任务清单。杰出
的CEO们则会描绘一幅带有目标节点的蓝图。约翰·肯尼迪（John
Kennedy）总统提出在10年内实现人类登月并安全返回地球，这一大胆
的挑战在激励人心的同时又指明了具体的努力目标。他们让目标清晰易
懂、具体明确、令人信服。这就是你在表达愿景时要努力达到的水平：
对未来令人憧憬的展望既要鼓舞人心，同时也要非常具体。

　　◆ **你在公司推行的价值观**：在你看来，什么样的价值观对实现愿
景至关重要？比如，玛丽·伯纳在《读者文摘》任职时，亲身（并让公
司）始终奉行六项原则，其中运营效率排在首位。

　　◆ **你更宽广的视野**：你看见世界正在发生哪些与你所在的行业、
公司以及你的决策息息相关的变化？

　　◆ **你的行动号召**：记得比尔·阿梅利奥吗？他担负着重大责任，
在混乱中扭转直升机公司的经营局面。他认为尽早向他的高管团队发表

行动号召演讲可以创造所需的动力。在对公司严重的财务状况进行了说明之后，他说道："我们在市场中正被人干掉——被债权人，还有董事会。我们正共同经历一场战斗。我需要每个人拿出最好的想法，而不是搞内讧。我们会搞定它。你要么加入要么出局。把你的手放在桌面上。如果你不想加入，告诉我，你明天就不用来了。现在让我们拿出我们能想出的最好的想法。"

◆ **你的领导风格**：你的员工会想方设法弄清楚与你合作的方式。要满足他们的好奇心其实很简单：告诉他们，你计划如何让你自己融入公司？你将会怎样分配你的时间？你喜欢以何种方式沟通？

我们最近合作的一位CEO具有销售背景。当他掌管一家科技公司时，其他高级管理人员原本以为他会过分看重销售而忽视技术和产品限制，售卖不成熟的产品。在他刚上任没多久的一次会议上，他彻底颠覆了对方原先的想法："你们可能认为我关心的只有新的销售渠道。并非如此。在我任职的头一年，我会把时间投入到产品团队和客户身上，以确保我了解我们的产品的工作原理，我们可以提供什么，以及我们不能提供什么。我希望你们在这方面能对我进行监督。"

在你出任CEO的前3到6个月里，你会通过很多媒介向不同的受众发表很多次各种版本的就职演说。每周，梅纳德·韦伯都会向全公司发送一份更新的邮件，与大家分享他心中最紧要的问题，以及与上一周积极的员工互动。他发邮件说明自己的目标，每个季度让董事会对自己的表现评分，然后将评分结果发给公司每个员工。所有这些沟通都是为了奠定"我很平易近人，并愿意同大家分享一切我能够分享的事情"的基调。这也让员工清楚地看到，尽管梅纳德作风强硬、要求严格，但他以身作则。

你的就职演说可以让公司为即将来临的变化做好准备，但是你的日常行为必须不断强化你要传达的信息。

▍六张让人深陷危机的"人事安全牌"

你已经在整个公司奠定了基础，以明确你现在是公司的领导者，以及公司的未来应该满足你的期望。你知道你需要——并且也想要——升级团队。然而，即使是最果断的CEO面对这种危险的僵局也会犯难："是的，他必须走人……只是不是现在。"当然，正如我们从拉杰在罗门哈斯公司的经历中看到的那样，解雇下属从来不是一件易事。公司政治会制造摩擦和噪声。压力也是如此。这些领导者与生俱来的人性也同样如此：人事方面的快速举动面临的挑战是切实且可以理解的。

但在所有这些对前进势头构成阻碍的事当中，最艰难也最常见的是恐惧。新领导者会感到脆弱。在你必须勇敢、果断采取行动的那一刻，这种脆弱会引发保守和糟糕的判断。我们发现大多数CEO用人不当的核心问题在于：你作为人类对"安全"的偏好让你再次误入歧途。对人类来说，我们会天然地觉得维持现状更安全。但是，这种态度不过是不计后果的保守主义。突然之间，你不再迅速采取行动，而是犹豫再三或者把自己紧裹在你的安全毯里。

人事问题更像鱼而不是美酒：你当前看到的团队里存在的问题不会随着岁月的流逝而改善。你如果容忍你的高管团队表现不佳，就是把你的公司、你的工作，很可能还有其他成千上万才华横溢且勤勉敬业的员工置于危险境地。而且你这样做对那些失败的个人也没有任何益处。

接下来就是六种最容易让人误以为"安全"，却让我们看到领导者一次又一次深受其害的人事选择。

1. **维持现状**。领导者们维持现有的团队或提拔他们信任的副手，他们将自己紧紧裹在安全毯里，而不是评估这些忠诚的士兵是否适合新角色。他们选择了"他们熟知的恶魔"。

2. **迷信背景而非相关的业绩纪录**。领导者没有明智地参考候选人以前的业绩，针对未来的需求任人唯贤，而是挑选文凭最耀眼的候选人。

3. **董事会默认的人选**。董事会成员甚至是前任CEO往往会推荐一些人才。领导者们认定他们要"受制于"这些选择而没能坚持用完全客观的方法挑选人才。

4. **过分依赖帮助自己坐上最高职位的人**。一位领导者升任任何令人垂涎的职位后，常常对那些帮助他赢得职位的人心怀感激。感恩和忠诚是打造持久人际关系必不可少的基石。不幸的是，它们同样可能危及聘用决定。我们曾经见到领导者出于忠诚考量，而非依据注重实力考察的客观公正的观点聘用或保留某些人而招致失败。

5. **雇用自己的"克隆人"**。对新任领导者来说，那些看上去和自己很像，并且拥有相似背景的人会让他们觉得安全。因此，他们不是寻找那些能够为人才组合增加多样性和补充技能的人——这恰恰是团队取得成功的关键——而是聘用那些技能组合以及经验和自己完全一样的人。

6. **避开可能和自己"竞争"的人才**。做一名领导者已经足够艰难，如果再有一位积极进取的野心家步步紧逼就更是难上加难。因此新任领导者可能会满足于"足够好"，因为这个人是没有威胁的。

最后一种"安全"选择可能是最糟糕的。我们最近合作的一位新手CEO就制定了避免掉进"竞争"陷阱的黄金标准。在他担任最高职位之前，他最大的支持者是人力资源主管。所有人，包括董事会在内，都认为人力资源主管的职位是不可撼动的。然而，人力资源主管却成为这位新任CEO解雇的第一个高管，原因就是他拒绝了一位非常合适的候选人并告诉CEO："你不会想聘请这个人——他太优秀了，将来会成为你的对手。"在那一刻，CEO意识到人力资源主管的思想与他的愿景和价值观互不相容。"我不想让公司只有一个那么优秀的领导者，我想聘请50个同样优秀的人。"他说。

▍迅速整编团队

接下来是我们从众多成功的CEO的经验里提取出来的四个万无一失的用人原则。这些CEO在职业生涯里成功避开了六个看似"安全"的人事选择，并以最快的速度成功重建了自己的团队。不论你现在处于职业生涯里的哪一个阶段，这些用人原则都是适用的。

1. 制订你的人事计划。用笔写下来

如果你正在计划一项技术投资、开设新的营业点、缩减制造业务，或是实施任何其他重要的商业计划时，你很可能会有非常详细的记录商业案例、成功指标以及实施计划的文件。那么，你是否以同样严苛的标准来制订和记录一个坚定的、"没有借口"的人事计划，包括长期、中期和短期的计划？

要弄清某人是否有资格进入团队，要做的不仅仅是评估原始能力。建立一支强大的团队需要考虑以下三个因素：

◆ **愿景**：这个人是否具备特殊的技能推进你的愿景和战略，他过去的表现是否能够证明这点？

◆ **匹配**：这个人是否支持你的价值观，以及你为公司制定的发展方向？对任何团队来说，强大的声音和不同的观点都是必不可少的。但是如果这个人不认同你的价值观或者你的领导方式，他就不能帮助你带领公司向前发展。

◆ **组合**：这个人能在多大程度上补充你本人和团队其他成员的能力和个人风格？

评估你的团队要透过挡风玻璃向前看，而不是回头看后视镜：每个人能力和经验在多大程度上符合你在接下来的一至两年的需要？他们能满足5年后的需要吗？作为一个团队，你们有能力带领企业走向未来吗？

一旦你弄清楚了上述问题，请用笔写下一份人事计划，包括具体的重要阶段和时间节点——唯有如此，你才能保持诚实并处于正轨。对于任何你拿不准的团队成员，请写下来具体的标准和即将到来的重要阶段，以决定他们是走还是留，以及如何更好地支持他们。

2. 主角需要是明星

汤姆·莫纳汉是CEB公司的前任CEO，素以理智著称。CEB是一家商业信息服务公司，严密的数据分析占绝对主导地位。因此，当他告诉我们他是在马萨诸塞州索尔兹伯里，也就是他们家经营的海滩乐园里获得了关于人才问题重要的经验时，坦白说，这让我们觉得出乎意料。在游乐园里，有两种吸引游人的项目，一种是游乐设施，另一种就是各类游戏。对游乐设施来说，机器本身的质量会吸引人群，管理团队需要把注意力放在安全和效率上。游戏则是另外一种情况。有才能的乐园召集人能够让一个游戏店成为吸引游客排长队的热门去处，而不是变成被人遗忘的赔钱小店。广受喜爱的角色——吉卜赛人拉里和杂货店的杰克——他们本身就是吸引游客的招牌。如果没有顶级"天才"担任这些角色，游乐园是无法维持下去的。

　　在你的企业里，你需要知道哪些领域需要一位"吉卜赛人拉里"——一位顶尖的、一流的天才玩家，以及哪些方面只需要做到像在夏日每天上午11点开启游乐设施那样就足够了。当你考虑每个职位时，问问自己："这个岗位对实现我的愿景和目标来说有多重要？我们需要这个人成为我们团队竞争优势的源头，还是确保火车准时运行？"

3. 需要处理的人事"项目"代价高昂

　　在过去，当你获得晋升时，你还可以在完成自己工作的同时替团队里表现不佳的成员打掩护。当上CEO以后如果还这样做，你就会置公司于危险境地。把时间用来帮助表现欠佳的人，绝不是你被聘请担任CEO应该做的工作。你不再有时间（而且通常也没有相关经验）陷入细节性的事务，处理下属应当承担的工作。相较之前的职位，你作为CEO能够用在处理业务的时间大幅减少了。假设你的团队里有两个需要处理的人事"项目"——绩效低下的工作人员。如果你的5位损益汇总主管或总经理中的两人各自只能实现80%的既定目标，你就已经远远偏离了季度目标。

　　最近我们亲眼见到一位CEO因为人事安排丢了工作。这位CEO任职的是一家技术公司，其商业模式成功与否完全取决于技术的品质和发展速度，因此需要极其有才能的人担任CTO。但这位CEO却偏偏在公司里保留了一位能力贫弱的CTO。这位CEO本身拥有很强的技术背景，因此以为自己可以弥补CTO的弱点。结果证明他错了。重点项目进度落后，成本开始暴涨，而CEO在最需要与客户接洽的时候却抽不出更多的时间。公司因此蒙受了巨大的损失。CEO失去了董事会的信任，在上任19个月后被解雇。

你没有时间处理人事"项目"并不意味着你不能在团队里安排仍然有成长空间的核心人员。你想拥有具有上升潜力的领导者。但如果有太多的需要处理的人事"项目"，它们会成为你沉重的负担并最终把你压垮。担任最关键角色的人选必须做好在现今岗位上拿出业绩的准备，而你并不想成为他们在成长道路上唯一的支持者。顶级领导者会在更大范围内对高管团队的组合进行评估并带着这样的疑问：整个团队的人员配备是否已涵盖了我们需要的所有关键技能和经验？为了充分施展全部潜力，我们能够从公司内外获得的一整套成长支持是什么？

4. 为每个角色的"卓越"表现设定一个更高的标准

你也许无法一直做一个最出色的评委，判断出哪个人是即将崭露头角的未来超级明星，以及哪个人是需要处理的人事"项目"，尤其是在自己专业以外的领域。一位以在人才问题上素来表现精明而闻名的新任CEO弗兰克（Frank）最近和埃琳娜一起逐条检查自己早期的团队评估。当翻到法律总顾问的评估时，他耸耸肩说道："嗯，他不是我见过的最差的。留下他。"这位法律总顾问最多只能达到标准的一半水准。弗兰克希望通过收购和签订长期客户合同以极力推动公司业务增长，而这两种方式都需要强有力的法律部门的支持。公司需要的是满分的法律人才，但弗兰克严重低估了这一角色的重要性。7个月后，一名董事会成员私下里向他表达了很多担忧，包括无能的法律团队、火箭般增长的法律开支以及拖沓的合同执行。弗兰克事后发现，这些问题全是自找的，而且自己为此付出了高昂的代价。他当时并没有意识到一名强劲的法律总顾问需要给予公司怎样的支持。

同样，高增长企业的CEO（尤其又是公司创始人）在挑选人才时通常会努力把自己的眼光抬得足够高。被挑选出来的人才不仅要符合公司当前发展规模的需要，还要具备带领公司走向未来的能力。总部位于得克萨斯州麦金尼市的SRS经销公司是全美最成功和发展最快的屋顶建材经销商之一。在行业资深人士罗恩·罗斯（Ron Ross）和丹·廷克尔（Dan Tinker）的领导下，SRS公司在2008至2013年间为投资者带来了7.6倍的巨大回报。尽管取得了如此骄人的成绩，罗恩和丹却完全没打算就这样躺在功劳簿上睡大觉。2014年，他们向我们咨询，从领导层的角度来看，要花费什么样的代价才能在5年多的时间里实现业务增长3倍并赢得人才大战。在准备扩展规模方面，公司的管理团队自评为6.5分（满分10分）。迄今为止他们一直非常成功，但他们认识到今后的发展需要一系列新的能力。为了公司的未来发展，SRS通过一系列访谈和对整个团队进行分析制订了一个人才计划。在众多建议中，这项工作让罗恩和丹重新思考他们从整个领导团队中需要得到的是什么。SRS公司继续蓬勃发展，罗恩和丹将其归功于本章的内容，因为通过学习本章内容，他们得到了人才制胜手册。

　　那么，最好的领导者是如何保护自己免受六种看似"安全"的人才选择的危害呢？他们从零基础开始讨论人才问题。与其假设你必须忍受现有的人力资源，不如想象你必须重新调配整个团队，而这么做的唯一的目的就是实现公司的愿景和目标。摒弃所有觉察到的限制，认真审视公司未来的需求。重新设置你的人才标准，从能力、技术和经验三个方面挑选符合公司未来发展方向的优秀人才。只有到了这个时候，你才会转过头来对团队进行评估，以了解团队人选是否合适还是存在差距。这项工作应当成为你作为CEO的一个仪式，而且不能只是在你开始任期时这么做，要在你任期内的每一年都重复这个仪式。

　　成功的CEO也不会独自做这项工作。他们知道什么时候引入外部视角来推动自己的想法。明确安排某人担任监督员，对照实际情况测试你的设想，这样对你大有助益。如果对于某个业务领域你没有深度经验，可以考虑找一位能够指导你的人。正如一位销售出身的CEO，当他接管了一家科技公司后便将之前任职的公司里深受自己信任的CTO挖过来担任顾问，进而对这家科技公司的产品团队进行能力评估。最后，你还可以向解决过类似商业挑战的CEO寻求建议并从中受益。例如，如果你掌管的是一家5亿美元的公司，另一位CEO则将一家2亿美元的公司发展到20亿美元的规模。有关人才方面的问题，你大可以向这位CEO进行咨询。

▌经营共通的新语言

你在强大的新平台面临的另一个挑战是如何与你的团队和业务保持适当程度的联系。你要如何在推动业务发展的同时又能够放权让所有你精心挑选的人才都尽展所能？

在过去，你很可能凭借自己的知识和洞察力做好重大决策就能够提升价值。但随着你的职位越来越高，你直接从自身的洞察力、信息或者经验当中获得的价值越来越少。我们很喜欢在许多公司担任过CEO和董事长的汤姆·埃里克森的说法："90%的CEO领导能力是行为修正。"行为修正就是要让几十个人以一致的方式行事以实现公司的目标。要给予其他人足够的信任，放手让他们做好自己的工作，但也要找机会利用你的影响力让他们保持诚实和最好的工作状态，同时督促他们努力工作。仔细选择你要介入的节点，依据就是你要向你的某一位职员、你的整个团队或者是整个公司传达什么样的信号。

你要做的最重要的决定是，何时变身啦啦队队长去激励和让其他人积极参与，何时挥舞问责制的大锤。这两者都有各自的时机和目的，最优秀的CEO会在深思熟虑的基础上有策略地做出选择，而不是被动地应付。多亏"放大效应"——CEO这一角色的影响力会对你周围的人产生放大性的效果——任何建议，不管你多么温和地提出，都会让人感觉像一个正式的公告。最优秀的CEO会有意地开发一整套带有自身独特风格的小动作库，用来向其他人传递大信号。以下是我们发现的几个CEO使用的象征性语言的例子：

◆ **CEO表示"这很重要"**：汤姆·莫纳汉在担任CEB公司的CEO时，会研究公司提交的每一份基准化分析报告。每隔一段时间，他就会跟进之前读过的某些内容并提出一个明确的观点。更重要的是，他通过提出的观点发出了强有力的信息，即产品质量和客户体验是CEO的首要任务。

◆ **CEO表示"我正在关注"**：当CEO突访车间或走到大厅微笑并与员工握手时，他或她这么做在某种程度上是要提醒其他人，他们每一天都有机会脱颖而出或者是犯下错误——而且，没错，他们的努力很重要。

◆ **CEO表示"我知道你明白了"**：你参加会议——只带着耳朵去听。约翰·齐尔默（John Zillmer），作为联合垃圾处理公司（Allied Waste）历史上非常成功的CEO，彻底地扭转了这家公司的局面。但是，如果你参加他的一个管理层会议，你会吃惊地发现他通常几乎一个字都不说。凡是重要的场合他都会在场，他的沉默则是表明："我已经安排了正确的人做正确的事情。"

◆ **CEO表示"我们正在讨论而不是在做决定"**：艾睿电子公司前CEO史蒂夫·考夫曼想提醒他的工作人员，他参加讨论和辩论是为了探讨，而不是指导。他会摘下字面意义上的CEO帽子（一顶棒球帽），然后戴上另一顶写着"队友"两字的帽子。"如果不这样做，当我提出问题的时候，其他人会认为我是在给出他们必须采用的答案。"他说。

◆ **CEO表示"我想知道真实情况"**：史蒂夫·考夫曼明确要求直接下属向他报告不加掩饰的真实情况。为了确保坏消息能够快速传达到他那里，在每次被告知相关情况的时候，即使是自己不想听到的反馈，他也会向报告人表示感谢，并冷静、优雅地予以回应。

◆ **CEO表示"我永远不会因为太忙而忽视你"**：马克·特希尔–拉维尼（Marc Tessier-Lavigne），作为拥有超过16 000名学生的斯坦福大学校长，专门为学生留出办公时间。通过在线注册表，任何人都可以获得10分钟与校长的会面机会，首次申请的人还享有优先权。

◆ **CEO表示"我是普通人"**：无论你是像泰德·霍尔那样穿上夏威夷衬衫，还是找到其他方式将你的个性带入工作，人们要追随完整的人，而不是行走的西服套装。对某些CEO来说，自嘲的幽默非常有效。玛丽·伯纳在换掉《读者文摘》原团队一半的人之后，在一个非领导场合分发万圣节服装。而她自己的服装是什么？是邪恶的西方女巫！

领导的语言要和行动挂钩，而不是话语；要发出暗号，而不是直接要求。成功不再是你个人的成功，而是你整个团队的成功。

关 键 要 点

1. 你可能认为对建设自己的团队已经了然于胸。你有四分之一的概率是正确的。75%的新任CEO常犯的错误都是没有快速行动组建正确的团队。

2. 制造第一印象是没有第二次机会的。利用强力的就职演说来抓住这个机会。

3. 制订你的人才计划——用笔写下来。至少像做其他业务决策时那样，在人才评估上尽可能地客观和严谨。

4. 知道哪些岗位需要是明星。

5. 最大程度减少需要处理的人事"项目"。

6. 使用小动作与团队联系。

7. 要获得更多关于建立团队方面的帮助，请查阅下列两本书：《谁：招聘的最优方法》（*Who：The A Method for Hiring*）和《能量分数：成功领导力公式》，作者为杰夫·斯马特和兰迪·斯特里特（Randy Street）。由阿兰·福斯特合著。

第11章

与巨人共舞：与董事会和平共处

他拖着一群公牛行走在蛋壳上。

——斯蒂格·拉尔森《龙文身的女孩》

乔（Joe）毕业于一所名牌大学，然后在两家以卓越的运营和盛产未来CEO而闻名的世界级企业的管理岗位上平步青云。他一步一步地从基层做起，逐步当上了副总裁，以至于最后当上了总裁。在业内看来，他是一个"精益、熟练、运转正常的机器"，能够从头开始重建一家企业。

终于，在乔的职业生涯进入第22个年头的时候，他当仁不让的机会来临了。一家私募股权公司给他打来电话，邀请他出任中西部地区一家中型农业设备公司的掌舵人。挂上电话后，乔在酒店房间里发出胜利的呼喊。他一展身手的时刻到了！

乔兴冲冲地赴任，带着标志性的旺盛精力，准备应对艰难的改变。尽管他没有从事农业行业的背景，但这家私募股权公司仍然确信他们聘用了正确的人选。为了确保乔需要的产业专家能够到位，他们在董事会里安排了各类精通行业的顾问，可以填补任何产业背景的空白。

情况看上去非常完美，乔很快就能在新公司取得成功。但事实却是，和许多人在赢得第一份令人艳羡的CEO工作后一样，乔发现：运营公司只是CEO工作的一部分。你和董事会共事顺利的程度是成功与失败之间的分水岭。6个月后，乔的董事会想要解雇他。

一位典型的初次担任CEO的领导者会感到有难以置信的压力。公司里有那么一群人，他们的工作是倾听你面临的挑战，并提供聪明、冷静的建议。同样也是这群人，会对你的表现进行评判。你理所当然地会担心，你摆到他们面前的每一项提议，会因为一个问题而变得更加沉重：这个人是不是已经搞砸了并且该让他走人了？董事会在赋予你CEO职位这件事情上拥有最终的权力和责任，在踢你出局这件事情上也同样如此。因此，与董事会共事你可能会觉得像是在摆弄人际关系的火药桶，这不足为奇。

董事会原本是打算代表股东们的利益，扶持一位全权负责的CEO，并通过精明的建议给予支持。他们能带来智慧、经验和全新视角推动CEO思考，以及提供有价值的决策咨询。强大的董事会可以像潜望镜一样，帮助CEO跳出商业和个人经验的窠臼，在即将遇上麻烦时及时发现，防止问题出现。不幸的是，并非每个CEO都能遇到一个完备的、运行成熟的董事会。事实上，我们访谈过的CEO中，只有57%的人认为自己的董事会里有超过五分之三的人为公司创造了价值。

不管你面对的是一个强大的董事会，还是一个苦苦挣扎的董事会，对一位即将上任的新手CEO来说，如何与董事会共事是头等大事。理由很简单：新手CEO们最常被提起的三大错误之一，就是管理董事会失败。我们通过分析超过70个CEO被解雇的案例发现，其中有四分之一是

CEO和董事会的关系破裂而导致的。以两情相悦开始，却以痛苦的分手结束。一旦董事会开始对CEO产生担忧，且董事会的担忧始终没有得到解决，一般不超过两年董事会就会解雇这位CEO。

我们提到的中西部农业公司（Midwest farming）CEO乔基本上就属于这种情况。当他忙于推动自己的经营方案进行实质运行的时候，公司董事会主席基思（Keith）正用怀疑的目光注视着他的每一个举动。在被收购之前，基思是这家公司的CEO并且成功地帮助公司取得了很好的发展。新的投资者看中了他的专业能力而将他留在了董事会，但基思却不想交出权力。因此，当乔推行的从上至下、彻头彻尾的变革惹怒了公司老员工时，基思简直是欣喜若狂，连老员工们的话都没听完就认定他的继任者已经搞砸了。他开始积极开展反对乔的活动，对抗拒变革的员工抱以同情，同时鼓动董事会更换CEO。

作为一名不知疲倦的经营者，乔的精力全耗在重组公司以实现积极增长方面。他错失了CEO工作的一个关键部分：和董事会建立有效的合作关系。他落入了新手CEO常见的陷阱：他们以为只要报告令人鼓舞的成绩就会令董事会高兴。当我们看到一位CEO和董事会的关系陷入麻烦时，我们首先要向这位CEO提出的问题就是，他在和董事会建立强大合作伙伴关系这件事情上投入了多少时间和精力。对许多兢兢业业的经营者来说，建立和董事会的关系被看作不得已的事。他们担心的是如何在董事会中得到稳定的支持，却不会投入必需的时间或采取必要步骤建立牢固的关系。一般来说，我们访谈过的成功CEO们将10%到20%的时间花在和董事会打交道上。到了关键性的拐点，如接手一个新的CEO职位、公司上市、重大并购交易或出售公司，这一比例会超过30%。就像CEO其他方面的工作一样，根据关键事项优先分配时间和精力会让你从中受益。

　　乔是少有的能获得第二次机会的CEO。当公司董事会主席向投资人公开表达对乔的疑虑，公司投资人向我们寻求帮助，希望弄清到底发生了什么。经过和牵涉其中的所有人进行详细谈话，我们得出结论，乔是公司正确的领导者，但他没有投入足够的时间和注意力建立和董事会的关系，而前任CEO基思则是一个大问题。投资人是这个董事会的权力中心。乔一直认为只要他有了成绩，董事会就会支持他。但问题在于公司经营取得成绩需要时间。乔勤勉地汇报项目计划和里程碑事件，但是他没有投入足够的精力或者没有通过正确的方式来建立更深层次的信任，从而让投资人从监督的角色转变成自己的盟友。他同样没有向投资人明确指出基思的干预正在阻挠公司发展的势头，并且在公司团队内部引发了士气问题。由于之前没有建立这种更深层次的关系，在投资者看来，乔只是一个还在学习如何当好CEO的初学者，而基思则是刚刚为这家公司之前的所有人打出一记全垒打的CEO老手。显而易见，乔在公司处于一个危险的境地。我们对投资人和乔进行了指导，帮助他们之间建立起更深层的关系。乔的一些举措已经开始见效，这给了投资者们更大的信心，坚信他们选择了正确的人来经营公司。

　　随着乔对公司的掌控逐渐增强，基思的影响力慢慢变得微弱了——很快，基思（而不是乔）离开了公司。3年后，在乔的带领下，公司规模扩大了50%，营收增加一倍，继而被成功收购。如今乔已经顺利在另一家企业担任CEO。上任的第一天，他就一直积极主动地同董事会建立同盟和互信关系。

　　对大部分新任CEO来说，管理与董事会的关系会令人感觉像一个望而却步、有时甚至让人沮丧的任务。董事会对新任CEO而言是一项重要资产，但是这项资产可能无法发挥原本的作用。活用本章内容中的建议，你会在将来担任CEO时做好更加充分的准备，创造出最理想的就职环境：与董事会建立积极的合作关系，而董事会里这群心思缜密、经验丰富的人可以推动实现你的想法以帮助企业发展，同时帮助你发挥全部潜力。

如 何 避 免

没能和董事会达成良好合作的CEO往往符合下列4种角色。

超级经营者："我的工作就是运营公司。只要成绩优秀，董事会会管好自己。"

对"超级经营者"来说，管理和董事会的关系带着"噪声"和令人厌烦的官僚作风，最低限度的互动就已经足够了。当他渴望快速高效地推动企业向前发展，超级经营者很快就会认识到不让董事会参与进来可能造成可怕的后果。看似简单的决定会变成漫长而乏味的讨论，最终对发展构成阻碍。

海斯曼："我来负责。"

"海斯曼"有一种强烈的需求，不仅要掌控一切，而且还要摆足掌控一切的派头。他们始终和董事会保持距离，尤其是当公司业务进展不顺利时。

有一位董事会主席评论刚刚被解雇的CEO说："他对待董事会就像对待蘑菇一样。让我们待在黑暗之中，给我们喂些垃圾。事情根本无法继续下去。"董事会很快失去了对这位"海斯曼"型CEO的信任，只有在他还能够取得杰出业绩时才能继续容忍。一旦出现哪怕最小的失误，在董事会眼里也会迅速升级，进而导致这位CEO提早出局。

盲目乐观者："很好，很好，很好，没有问题！"

渴望得到完美的成绩，"盲目乐观者"会避免艰难、尴尬、不自在的讨论。董事会成员起初很高兴：全是好消息。但是当问题浮现而盲目乐观者忙于掩饰时，董事会开始逐渐失去耐心和信任。盲目乐观者们也倾向于过度承诺而又无法完全兑现。他们的乐观和迫切想要证明自己的渴望往往导致不切实际的预期，从一开始就注定了他们的团队和他们自身的失败。

过度分享者："顺便说一句……"

什么事都要董事会批准，一个"过度分享者"会小题大做地找到董事会，拖着他们大老远跑去看几棵树，以至于他们看不见整片森林。董事会成员可以也应该站在自己的视角为CEO提供帮助，但是当管理和经营之间的差异变得模糊时，混乱随之而来。如果CEO在和董事会合作时无法让董事会成员专注于管理并且跳出日常的运营，会给CEO下属的团队带来巨大的困扰。

▎谁是真正的负责人？

你需要解决的第一个难题：董事会的权力态势是什么样的？谁是董事会中最有影响力的人，他们是如何行使权力的？从字面上来看很明确。首先，董事会主席（或首席董事）通常是（但并非总是）最具影响力的董事会成员；其次，是治理委员会和薪酬委员会的负责人，通常这两个委员会是权力最大的委员会；最后，如果你的公司所有权属于投资人，那么商业合作伙伴通常高于经营者。这些经验法则对初学者是很有用的，但在实践中，你会遇到各种特殊和不成文的权力规则。

新任CEO们常常觉得，在赢得董事会席位之前他们需要证明自己的能力。他们通常不是很情愿在和董事会的合作过程中及早确立领导角色。这里就出现了一个悖论：你要求的权力越大（在合理的范围内通过正当的方式），你就会获得更大的权力。但董事会成员首先会指出，如果一位CEO要找董事会来制定未来发展方向，那么这位CEO就没有百分百做好自己的本职工作。

我们指导过一位新手CEO，他的名字叫马克（Mark），看看他的经历吧。他负责运营一家中等规模的从事消费品行业的公司。在刚接手的时候，马克面对的并不是一个正常运作的董事会，而是像一个没了指挥官的由17个人组成的行刑队。前任CEO已经被解雇，董事会内部只有少数的成员支持马克晋升为CEO。董事会主席虽然支持马克，但他很快就要离职，而且他已经彻底失去了在董事会里的影响力。还有3名董事会成员正在积极游说想要争夺董事会主席一职。其中有一位董事名叫奥利弗（Oliver），是一个连鸡毛蒜皮这种小事都要插手的微观管理者，他打算暗中打击马克。另有几位有能力的董事会成员被闲置，还有些人正在打算辞职，他们在如此混乱的局面下都无法帮上任何忙。

更重要的是，马克希望专注于公司业务。他需要董事会支持以进行一项重大收购，并且还要考虑做出一项复杂的IT决策。由于董事会处于混乱状态，公司的各项决策无法推进。马克忧虑地对接手公司的处境表示失望，但同时他也明白无法忽视它。如果奥利弗当上董事会主席的话，马克已经做好了辞职的准备。带着焦虑和愤怒，马克找到我们寻求帮助。他最初认为，自己刚刚被任命为CEO，不适合直接插手董事会，应当耐心地让他们自行解决问题。马克极其厌恶被他人看作插手职权范围以外的事务的人，但他强调公司要取得成功需要一个运作良好的董事会。经过我们仔细分析后，董事会的状况越来越明晰，在这种状况下他们无法独立恢复正常运作。我们帮助马克了解董事会里的权力态势，找到他在董事会里的支持者，并逐步引导董事会朝对公司业务有益的方向发展。

让正确的人选当上董事会主席并消除奥利弗的威胁是马克首要关注的问题。我们调查了奥利弗在董事会的权力来源。首先，奥利弗拥有你可以称之为"扩音器般的权力"。如果没有强力的董事会主席或首席董事，一位普通的董事会成员可以通过在董事会会议上强有力地发表自己的主张来攫取过度的影响力。声音的扩散通常转化为真正的权力和影响力。

其次，奥利弗拥有"好事者的权力"。不论是管理关键方案、召集会议还是关注行政管理细节，他都积极置身其中。他处于每一次谈话的中心，这让他有充足的机会建立关系并在幕后进行游说。

奥利弗有很多非正式的权力，并且正在谋求董事会主席的职位。马克遇到了很大的挑战。幸运的是，在**从交际中创造影响力**方面，马克是我们见过的最有天赋的CEO之一。相较于直接应战奥利弗，我们建议马克集中精力与那些工作能力强，却在之前被闲置的董事会成员建立关系。马克邀请他们参与一项既符合自身利益又能发挥自己技能的商业计划。马克让这些董事会成员明晰了角色，并且以显而易见的方式感激他们做出的贡献。董事会里的氛围开始转变。随着董事会的局面由内部争吵重新集中到公司业务发展的优先事项，奥利弗的声音被马克授权的更有能力的贡献者盖过。作为一个不轻言放弃的人，奥利弗眼看自己对公司业务的发言权越来越小，只得更加竭尽全力在幕后搞办公室政治那一套。当挑选新任主席的时刻来临，马克和即将卸任的主席以及治理委员会负责人一起推出了一套客观透明的选举流程，并对主席人选规定了明确的标准。奥利弗甚至都没能进入决选名单。他受内心自我驱使的小动作是如此极端，以至于其他董事会成员都认为他正在自我毁灭。就在我们撰写本章内容时，奥利弗从公司董事会退休了。

马克从未想过，他作为CEO的第一个任务是帮助重组董事会。如果当初的形势对公司不是那么严峻和危险的话，那么他可能会回避在任职的第一年就在董事会谋取分量如此之重的领导地位。他从这段经历当中学到了一个宝贵的经验。从程序上来说CEO可能没有领导董事会的权力，但他有责任带领公司走上成功的道路，即使这意味着要和董事会一起承担风险。

无论你的董事会是一台运转良好的机器，还是像《权力的游戏》（Game of Thrones）里那样互相倾轧，你的职责就是弄清公司整体环境，以及如何同董事会建立良好合作关系，从而引领公司走向成功。

董事会的权力态势远比单纯地由个人组成的团队要复杂，而且董事会的权力态势需要认真摸清了解。首先，要知道董事会过去的运作情况：他们多久会面一次，他们与前任CEO以及其他管理团队成员接触频率如何？他们会亲自参与哪一个层次的公司具体事务，有没有其他方式可以让信息在正式会议之外进行传播？公司的决策是如何做出的，董事会如何应对上一次危机？

当你熟悉了你的董事会，请注意下列常见的董事会成员类型：

◆ **全情投入的搭档**：这是你想要的董事会成员。我们访谈过的CEO们透露，他们的董事会成员中63%都是全情投入的好搭档。这样的董事会成员具有良好的判断力，会投入时间了解你的业务，然后提出率直、经过深思的观点或回绝，进而帮助你和企业取得成功。他明白，他的职责是向CEO提供建议并对CEO进行问责，而不是管理公司具体业务。积极寻求发展和增加全情投入的工作搭档，使其至少占董事会的四分之三。依靠他们来帮助推动你的想法，让你成为最好的CEO。

◆ **安静的专家**：这类董事会成员有好的想法和相关经验，但除非你特意要求他参加，否则不会参与董事会的辩论。他不太可能承担风险，也不太可能冒险支持你。通常情况下，安静的专家在董事会里更多的是发挥自身专业力量而非对决策施加影响。要创造结构化机会让安静的专家提升价值。例如，如果他是并购专家，而你打算提升在并购方面的能力，那么就请他和你的团队见面分享最佳实践经验，同时帮助你对自己的团队以及并购方式进行独立的判断。在董事会的讨论中，积极主动地在他的专业领域内征询他的看法。

◆ **橡皮图章**：这类董事会成员会服从CEO和权力最大的董事会成员的领导。他的主要目标是为自己树立一个令人愉快的声誉，可以借此被别的董事会聘用。当冲突和挑战出现时，看起来无害的橡皮图章可能变成累赘，因为他们的主要本能是自我保护，因此他们不会是可靠的盟友。当你处境危险时请忽略橡皮图章。从一开始就要摸清他们最为看重的人。当面临重大决策时，橡皮图章会透过各种蛛丝马迹解读你和其他有影响力的董事会成员的意图。

◆ **微观管理者**：这类董事会成员渴望证明自己的价值，有时候这是他的优势。他的行为可能会逐渐损害CEO的权威，并破坏董事会的权力态势。如果一个微观管理者的主观愿望是好的，自身能力也确实突出，可就是误解了自己在董事会中的角色，那么要积极邀请他参与对公司和你都有帮助的工作。设置明确的标准，并直接告诉他，什么对你和公司是有帮助的，什么对你和公司是无益的。如果他损害到了整个董事会，让你的董事会主席或首席董事帮助指导他。如果这些都不起作用，和治理委员会合作将他调离董事会。

◆ **想要取而代之的人**：这是想要对你取而代之的那类人。你通常会发现不止一个董事会成员想要经营公司。有种情况是，这类人实际上是作为应急计划被拉入董事会的。还有一种情况是，他在自己本职工作中还有"未完成的工作"，但他渴望证明自己在CEO的职位上可以做得更好，无论他是否会得到这个机会。当你被任命担任CEO时要问清楚，董事会里有谁也想担任CEO，如果这名董事会成员因为没有当上CEO而怀恨在心并在将来对公司造成危害，董事会主席或首席董事有没有做好相应的准备解决这类问题。尽管这样做很困难，但你还是要在最初就以开放的心态和这类董事会成员接触。了解他们的贡献、在董事会里的权力，以及想要当上CEO的动机。如果他们能够带来价值，找到方式同他们合作。如果他们具有破坏性并试图挑战你的权威，和董事会主席或首席董事合作在可能的情况下将他们赶出董事会。

◆ **维权投资人**：这类人是对冲基金或私募股权公司安插进董事会以推动具体日程表的，或者他本人就是一个维权投资人。不要试图用你的人际关系技巧来争取维权投资人站到你这边。他们的主要效忠对象是对冲基金，而不是你。相应来说，要了解他们为何种事项维护利益并寻找共同点。

现在，对周围环境的介绍已经结束，你已经准备好进入下一节的内容，学习怎样和董事会建立有效的合作伙伴关系。

最需询问董事的问题

CEO们在自己任职的头两年感到特别脆弱，渴望证明自己。因此，他们通常在和董事会共事的过程中采取"一切向董事会报告并等候董事会决定"的态度：忠实地报告结果，总结已完成的行动和已经达成的重要成就，教条般地听从董事会成员的建议。这些CEO可以毫不费力地吸引客户，可以和以前的老板建立起令人羡慕的关系，可当他们面对拥有无上权力的董事会时，他们似乎失去了魔力。回想一下第3章"从交际中创造影响力"和第8章"实现目标"的内容，可以简单地总结为："如果想赢得他人的支持，要先了解他们的为人，他们关心什么。"听起来很简单，然而，在担任最高职位后焦虑缠身的头两年里，这些经常被人遗忘。

金最近受邀前往芝加哥去辅导一位CEO。这位CEO掌管着一家背后由私募股权控制、销售额达到7500万美元的零售公司，而公司的首席董事对CEO经营业绩的失望正处在爆发的边缘。当金抵达时，这位CEO的态度是不服气的。在他看来，董事会太过重视财务而处处妨碍他，丝毫不尊重要实现理想中增长所需的实验水平。金听他讲了一个小时，其间询问了他的企业计划、他对有机增长的预期等基本问题。这位CEO说完了以后，甚至提出了一个愤怒的要求："告诉我怎么做才能摆脱这个董事会！"

于是，金提了一个新问题："你有没有试过和首席董事换位思考？你知道他更广泛的投资组合运作得怎么样吗？这家公司如何融入整个投资组合？"

没有，他承认。

"那么让我来告诉你有关这位首席董事的事吧。他很年轻，就像你一样。这是他第一笔数额巨大的投资。他和你一样都在证明自己。他必须努力让他的投资人能够信任地将资本交给他。这就是他投资像你这样的公司的方式。他的合作搭档希望看到他引领这家公司和你取得良好的经营业绩。他们想知道你不是在无计划地下赌注。财务数字是他的一个、同时也是唯一一个证明这一点的机会。同时，在你和我大谈业务的这一个小时里，你都没有提到哪怕一个数字。你想让他对有风险的行动安之若素吗？要和他谈话，显示出你对他背景的欣赏。你必须和他讨论账务计划，否则你永远不会获得董事会的信任来支持你的大胆行动。"

要想成功建立和董事会（或其他人）的关系，首先要了解他们的绩效是如何衡量和激励的。有了这个基础，你还需要超越数字。一对一地认识你的董事会成员，了解他们的背景和压力、梦想以及恐惧。通常在有问题的CEO与董事会关系中，根本问题是大家缺乏对彼此背景的了解。你来到这里，玩着职业生涯中赌注最高的赌局，而你对满满一屋子和你一起玩赌局的人完全不知底细。他们对你也是同样的感受。你需要他们信任你。而信任是建立在利益一致、为人可靠以及相互熟悉共同发挥作用的基础上的。但凡在这三种要素中任何一种投入不足，在你最需要董事会支持的时候，你们之间的关系就一定会出现问题。

苏珊·卡梅伦，雷诺兹美国公司前任CEO、现任董事会主席，和董事会的其他成员们一起领导着这家烟草巨头。她的董事会里都是已经功成名就的领导者：众议院前议长约翰·博纳（John Boehner）、尤尼威尔公司（Univar）前CEO约翰·齐尔默，英美烟草公司（British American Tobacco）法律总顾问杰罗姆·阿伯曼（Jerome Abelman）（英美烟草公司在苏珊任职期间拥有雷诺兹公司42%的股份），还有其他一些重量级人物，不胜枚举。苏珊描述说，她和他们都保持着互相支持、富有成效的关系，而这绝非偶然：她投入了大量的时间和每一位董事会成员建立一对一的关系。除了定期交谈之外，她每隔一年会对他们亲自拜访一次。

"我会拿出明确的态度去找他们。在他们家的草坪上交谈，他们会感觉更加自在，"她说道，"这表明你很看重他们。"在苏珊看来，每一位新任CEO都需要留出时间与董事会成员进行个人的直接沟通，"这样他们才会了解你，并且理解你的优先事项和性格。如果没有别的事情，主动和他们接触并讨论事情，会给他们一定程度的安慰，他们会支持你的。"换句话说，增强你和董事会成员的熟悉程度可以巩固他们对你的支持，这也许就决定了他们是支持还是阻止你的下一个战略举措。

最后，即便是在一个舒适的体现出尊重的环境里，要把这些会面当成你采访他们的机会。你的目标是建立关系，并建立与董事会保持一致和信任的基础。下列是你在被聘用后6个月的时间里，可能一对一向董事会成员提出的一些问题：

◆ **在董事会任职最让你兴奋的是什么？** 通过这些问题，你可能找到他们主要动机的线索：专业相关性？公司地位？外界刺激？经济补偿？大多数董事会成员真的想增加价值，但理解他们任职的原因可以帮助你和他们发展更深入的关系。

◆ **你是如何同董事会产生联系的？** 这类问题的答案可能让你有机会一窥究竟，这些董事会成员是会提供独立观点，还是受惠于公司创始人或投资人。

◆ **你通常和董事会里哪个人交谈最多？** 这个看似若无其事提出的问题实际上有着非常深层次的含义，其答案通常回答了一个关键问题：董事会里究竟是谁对谁施加影响？这个问题将有助于你洞悉幕后的利益结合，如此你就可以对其加以控制，并将秘密的对话摆到桌面上来。

◆ **你过去把时间和精力集中在哪些方面？** 这个问题可以帮助你了解这个人的职业能力素质，并且让你能够弄清楚在你上任之前公司董事会是如何运作以及运作的效果如何。

◆ **你将在哪些方面以及如何参与公司未来发展？** 这是一个机会，可以主动让董事会成员认识到他们可以在哪些方面增加价值。这将减轻他们对怎样参与公司运营并发挥作用的疑惑，并让你更清楚地了解你能够从他们那里获得多少时间和注意力。

◆ 对公司而言，对作为CEO的我而言，在一年时间里取得怎样的成绩才算得上成功呢？三年时间里呢？你即将围绕预期和策略进行的许多对话往往就从上述问题开始。

适当地投入时间精力建立这些关系，那么你永远不会对你与董事会的立场产生哪怕一点点怀疑。正如苏珊·卡梅伦所说的那样，定期的一对一交流是你"将各个单独的点串联起来"的机会，并确保每个人在你驾驶的车上系好安全带一路随行。

从和谐关系进展到高效合作

正如你在上述章节内容里所看到的那样，在一开始投入时间和精力去了解董事会成员，为建立强大的合作伙伴关系埋下了非常重要的种子。要结出果实，这些种子必须不断被浇灌和施肥，也就是说你要有意识地持续和董事会成员们接触和沟通。

美国运通公司的凯文·考克斯喜欢向CEO们展示一张图（我们在下一页为你复制了一份）。第一个看到这张图的CEO当即就表示有不同意见："董事会不应该在中心，这样太过于突出董事会了。"但考克斯却对这位CEO说道，中心位置正是董事会应该位于的地方。"如果我要让这幅图片动起来，你会画上来回移动的线条。例如，在战略上，你会不断地和董事会发生联系。制定策略，回去和董事会利用三角法对策略进行评估。然后听取他们的反馈意见。最后调整策略。"

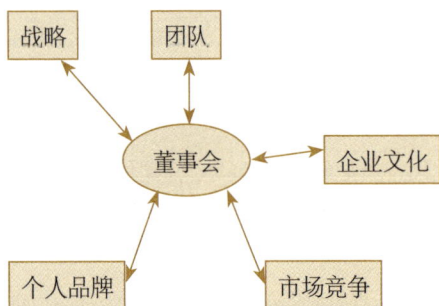

National Vision的CEO里德·法斯在9个董事会任职。里德认为，CEO的职责是确保他的董事会在晚上能够睡个安稳觉。你和董事会的联系可能很紧密，你对贯彻合作精神非常认真，除此之外你仍然需要施加影响和进行说服。应该建立一个稳健的信息流，确保董事会会议不会出现意想不到的情况。每位董事都应该对公司事务有一个预先的判断，并有机会表达自己关注的问题，这样才能给你留出时间来准备你的想法，预测可能会出现的问题并做好辩论的准备。里德认为，信息缺失会造成一种真空，董事会成员会不由自主地填满这种真空。在沉默中，人们往往会做最坏的打算。接着，当问题真的出现时，董事会会急于控制事态，而不会给你时间来解决问题。

你必须牢记，你在这个行业里已经浸淫多年。任何你做出的特定的决策都是在大量数据的基础上思考的结果。这些数据全部累积起来体量如此之大，以至于在那种背景下，对你而言简直是再清楚不过了。但你的董事会成员与你相反，他们没有深度参与过行业运作，无法理解你针对出现的问题提出相应解决方案的决策过程。这就需要你自己足够频繁地和董事会进行足够深度的沟通，这样才能帮助董事会成员们填补这个空白。下列是能够帮助CEO和董事会建立有效合作伙伴关系的实施清单：

就成功的标准达成一致。这听起来平淡无奇，但我们经常看到

CEO因为这一点栽跟头。因为他们总是逃避一旦深入细节就会出现的艰难对话。失败可能是致命的：针对246名董事会成员的一项研究发现，董事会和CEO在战略和目标方面的一致性是CEO取得成功还是最终失败的最重要的决定因素。

普莱克斯系统公司CEO詹森·布莱辛向我们描述了他和董事会成员以及财务赞助商面临的挑战，即如何在早期衡量绩效。他发现，应对方法就是要以最快速度尽可能将衡量标准详细具体化。作为不断发展的软件服务行业的CEO，他是遭遇过挫折才学到了这一点。大家都同意客户维系是一个非常重要的指标。但经过几次董事会会议后，很明显他和董事会对如何衡量和解释客户维系指标结果的方式完全不同，双方有了不必要的摩擦。为了推动业务发展，布莱辛与每位董事会成员以及CFO进行了单独会谈，让所有人在如何衡量未来的客户维系以及可接受的结果范围上达成了一致的想法。回想起来，布莱辛只是希望能够在更早的时候，也就是第一时间发现思想上可能存在差异的时候，就推动解决这个问题。

尽早就参与规则达成一致。在厘清你和董事会的角色时要开诚布公并明确标准。里德·法斯和我们分享了他对一个优秀董事会提出的6项职责清单，具体如下：

1）聘用和解雇CEO，以及要求CEO负起责任。

2）商定战略愿景和计划。

3）商定年度预算。

4）就任何实质性风险提出建议。

5）批准年度审计。

6）不要妨碍CEO。

就是这样——其他一切事情都由CEO自行决定是否需要董事会参与。但如果你是和一个没有经验的董事会打交道，是否要和他们明确这一点取决于你自己。如果他们有特别的担忧，请事先找出：什么样的消息不能在没有预警的情况下突然告知董事会？什么样的决策，包括是哪一层级的决策，是董事会倾向参与的？

　　分配任务。让董事高效参与并最大程度利用他们的专业促进业务发展，最好的方法是为每位董事会成员制定清晰且实际的优先事项。你已经制定了委员会章程，但是否每一位董事会成员都知道你在哪些具体的领域指望他们做出贡献？

　　曾经有位CEO，其公司一位具有潜在价值的董事会成员准备辞职。埃琳娜向这位CEO提出建议。"给他找一些有意义的事情去做！"她建议道，"一些他会喜欢的，可能增加真正的价值的事情。"CEO认为埃琳娜根本不了解实际情况，因为这位董事会成员提出的离职原因是没有时间为公司做出贡献。但CEO还是同意试一试，让这位董事会成员领导一个董事会特别工作组负责一项重大收购，而这正好就是他的专业领域。果不其然，这位董事会成员找回了活力，走出了办公室，满怀激情地投入工作。"他告诉我说，他从没有像现在这样对这个董事会感到这样兴奋！"CEO如是说。

　　和董事会主席或首席董事合作。一些CEO错误地认为，软弱的董事会主席或首席董事会给他们带来更大的权力，但事实恰恰相反：需要一个强大、可靠的领导人，利用时间和纪律，才能将一群同样优秀的、各自有独特观点的同事约束好。如果你和董事会主席结成同盟，他将成为你的最佳合作伙伴。控制利用不同观点推动业务向前发展，而不是让所有人因为不同观点陷入徒劳的争吵。

　　引进新的人才。聘请你的董事会可能会是支持你的合适的董事会，但也有可能不是。无论业务规模从3500万美元扩张到5亿美元，还是你的议程和前任公司领导层的大不相同，董事会都不太可能和你带领企业前进所需要的完全一致。变动董事会需要极为谨慎小心，一旦处理不好就很容易事与愿违。理想情况下，公司章程和董事会的权力态势允许你在头几年引进一些值得信赖、有能力的新人。

薇姬·埃斯卡拉（Vicki Escarra）担任赈济美国组织（Feeding America）的CEO时，主动对她的董事会进行了换血。她是在上任后头一个星期就开始和董事会主席大卫·泰勒（David Taylor）（现任宝洁公司CEO）讨论要挑选哪些人担任她的新董事会成员。

激发不作为的董事会成员。 杜邦公司前董事长兼CEO杰克·克罗尔跟我们说，他发现董事会会议往往由两三个人主导，其他成员则保持沉默。因为他们要么对自己的工作不关心，要么对自己的职责不确定。杰克采取新的方式，和每个董事会成员单独谈话。这样能让所有人都主动思考。通过这样做，他发现过去一直保持沉默的人往往能够提出伟大的创意。

站在股东角度考虑问题。 一位投资人最近通知我们，他的公司已经解雇了CEO。解雇的原因是这位CEO的表现更像是维护公司员工的利益而不是公司股东的利益。对CEO来说，他的终极职责是为股东创造价值。在众多通常有着各自不同利益的支持者当中，CEO处在一个独特的"夹层"。你可能需要说服董事会放弃不切实际的期望，同时又要逼公司团队拿出更高水平的业绩。要实现目标，一位CEO必须像公司所有者那样去思考和行动。

宣布坏消息的大学问

即使是达到最高成就的CEO也会在最脆弱的时刻步履蹒跚，也就是需要报告坏消息的时刻。面对痛苦的挫折，他们突然变得像约翰·韦恩（John Wayne）一样，抑制不住内心冲动要单枪匹马，直到能够把问题解决掉。或者他们可能真心认为问题还在自己的控制之下。他们想着，先解决问题，然后再向董事会报告。报告坏消息从来不是一件易事。在前面的章节中，我们就和大家提过，这些错误甚至是严重的问题都很常见。

"沟通要及早，而且沟通也要频繁。"克丽丝塔·恩兹利向我们描述她整个职业生涯里最艰难、压力最大的那段时间时如是说。那是她担任非营利财务管理软件公司亚比拉的CEO第一年的9月。她坐下开始审查公司第三季度损益表，结果差点心脏病发作：到年底他们的亏损将突破净利润底线达到80万美元。她被这场"巨大的失败"打了一个措手不及。

事后看来，问题是显而易见的：一方面，她的周围没有合适的帮手。她也没有聘请CFO。她的财务副总裁更没有经验，像克丽丝塔一样从未和董事会一起共过事。"与董事会的关系发生了变化，我都不知道如何或何时和他们沟通。"她说道。她还投入大量精力事无巨细地介绍公司的经营和商业活动。另一方面，组成全体董事会的金融投资人只想了解公司依靠什么提升价值以及能够提升多少价值。克丽丝塔回忆道："当时我真的非常难过。他们确实有足够的理由解雇我。"

她前往得克萨斯州奥斯汀出席接下来的董事会会议，无法确定会议结束后自己是否还能保住这份工作。她向董事会报告了损益表，尽管很沮丧但是她坦然承认失败。可紧接着她希望董事会和她一起向前看。暂时的缺额并未动摇她的信心，她仍然坚信公司的战略非常可靠。"我向他们保证。我向他们展示了计划，"她说道，"我知道我们正在为未来的业务增长做正确的事情。"而且，在她的内心深处，克丽丝塔相信她有足够的经验来经营公司。

在那次会议上，克丽丝塔的每一步都正确无误。她不是在会上露个面，然后把一个没有答案的问题扔到董事会的面前。相反，她承认了错误，毫不隐瞒地陈述事实，并提出了一个清晰、自信的发展计划，包括强化她周围的团队。唯一一件她原本可以做得更好的事情就是及早预见问题，然后她就能说"嘿，马上要出问题了"，并寻求帮助。可问题就在于，她没有寻求帮助的经验。

董事会最终决定支持她。几个月后，克丽丝塔除了聘请帮手外，还额外增加了一名董事会成员。此人也是一名CEO，具有强大的销售背景，同时也了解运营，可以在两个领域之间进行调解。董事会会议上的对话从回顾细节报告，换成前瞻性的引领指标（如客户流失或正在筹备中的潜在交易）以及他们如何提升价值。

到了2017年，当克丽丝塔从亚比拉公司CEO职位卸任时，她增加了两条产品线，完成了三次整体融合的收购，并且使公司业务规模扩大了三倍多。她尤其对2016年公司效益增幅达到两位数感到兴奋。"有了合适的团队，正确的计划，以及我成为一名更优秀的CEO，我们扭转了整个公司的颓势，"她谦逊地说，"这肯定就是人们攀登高山的方式。你一步一个脚印，等到爬到山顶再回头看，你的反应就会像是'哇，我们什么时候登上山顶的？'"某个时刻，坏消息看上去是一个难以逾越的障碍，但是，从长远来看，它实际上是铺平克丽丝塔成功之路的垫脚石。主要是因为她很快从这些早期的经验中学到了重要一课：抢在坏消息之前采取行动。

成功的CEO能够脱颖而出并不是因为没有经受过挫折，而是因为他们懂得如何应对挫折。以下是我们给过建议和访谈过的CEO提供的重要经验：

◆ 沟通要及早和频繁，以确保不会有意外。

◆ 承认问题，力求形成一种平衡且专注于行动方向以让公司重新走上正确轨道的基调，不要过度愧疚或是自我保护。

◆ 不要自我保护。对根本原因清晰、简明的分析表明你承认问题。过度的解释听起来像是借口和推卸责任，这样只会把你推入更深的大坑，损害你的信任和可靠性。

◆ 在有必要的情况下可以道歉，然后继续前进。不要让你的干劲减弱，或是让你的语气变得谄媚。

◆ 讨论前瞻性和预警性的操作指标，不要局限在回头看上个月的收入和利润。当你忽视损益指标时，再要调整已经太晚了。

◆ 制订计划，包括弄清楚出了什么问题，出现的问题对公司的最终影响，出现这些问题的根本原因以及解决问题的路线图。如果暂时还拿不出明确的计划，就讨论一下你需要了解什么信息或是你需要什么帮助才能达到目标。

◆ 偶尔回复"我不知道。我们会调查清楚后再回复你"比起临时应付两句会为你赢得更多的信任和可靠度。

让这一切值得

即使是最优秀的CEO，有时也会对为了和董事会建立有效合作关系所花费的时间和精力感到痛惜。你如何同董事会合作将在很大程度上决定他们是支持你的强大臂膀，还是那些推你出局的强大阻碍。如果做得好，整个公司得到的回报，以及你作为CEO得到的回报，会让投资非常值得。

阿特·柯林斯，曾经担任美敦力公司董事长兼CEO，并在各种行业里的非营利和营利性公司担任董事，如波音公司、美国合众银行、美国铝业公司以及嘉吉公司（Cargill）等。他在职业生涯里，曾和十多家董事会以及众多CEO们共事过。当我们让阿特说出一位在和董事会建立富有成效的合作关系方面最为突出的CEO的名字时，他立马指名理查德·戴维斯（Richard Davis）——总部位于明尼阿波利斯的美国合众银行前董事长兼CEO——为这方面的标杆。

理查德是一个锁匠的孩子，从小在洛杉矶长大。他从银行出纳员一直干到了CEO。在他的努力下，美国合众银行从由地区性银行拼凑起来发展成全美第五大商业银行。阿特在美国合众银行董事会工作超过了20年。在理查德担任CEO期间，阿特在不同的时间节点先后担任过治理委员会、财务委员会和薪酬委员会主席以及首席董事，并和理查德一直保持着密切的合作关系。在阿特观察过的世界级CEO里，理查德作为一位现象级的沟通专家显得尤为突出。他和董事会深入接触，在优先事项上达成一致，告诉他们自己的看法和担忧，并不断寻求董事会坦率的反馈意见，然后将其付诸行动。他一当上CEO，就立即主动向每位董事会成员征求意见，看看哪些进展顺利，哪些需要改变。阿特表示："理查德的沟通总是真诚、主动、及时、完整。他对董事会一直都是知无不言、言无不尽。如果他就某个问题提出建议，我们会第一时间被告知。如果他还没有弄清如何开展某项行动，他总是制订计划找出解决方案，然后告诉我们何时可得到他的回复。非常重要的是，我们从来没有觉得理查德试图诓骗我们购买什么东西，或是混淆事实以支持自己的观点。结果就是，董事会非常信任理查德。"

正是这种信任以及与董事会的紧密关系，理查德在2008年的金融危机期间改变了整个银行业。那一年美国陷入了大衰退，整个银行业遭受了特别严重的打击，而此时理查德担任美国合众银行CEO才刚刚进入第二年。尽管许多公司董事会都在谋求自保，把注意力都放在降低风险上，但理查德主张美国合众银行公司继续投资基础设施和客户支持，好让公司抢占有利位置实现增长。阿特回忆起那段银行业的紧张时期说道："全球金融体系处于危险之中。我们大部分的竞争对手都在紧缩开支。尽管我们比起行业里其他公司处境稍好，但我们仍面临着削减成本的巨大压力。然而，理查德看到了机会，希望加大投资更好地服务客户，并从竞争对手那里抢走市场份额。我们在董事会围绕着理查德的提案进行了争论，认识到如果增加的支出类型没有带来足够的收入增长，我们的利润和股票价格将受损。在当时看来，这是一个特别大的赌注，因为我们不知道经济需要多长时间才能开始复苏。这段时间理查德承受着令人难以置信的压力，但他和董事会争论时，始终对机遇和风险保持着十足的坦诚。董事会最终支持他的投资计划很大程度上是因为他的诚实，而我们相信他的判断。"

在金融危机期间实施的增长战略是一个转折点。美国合众银行从此走上了快速发展的道路，逐步成为全美规模最大、最赚钱的银行之一，拥有58 000名员工，营收达到210亿美元。金融公司Motley Fool最近报道称："当数百家银行在危机期间以及危机之后纷纷倒闭之时，许多银行被迫折价出售，或是在危机最低点发行股票来稀释股东手中的股权，但美国合众银行从未有过季度净亏损记录。"

在将CEO一职交由安迪·切切里（Andy Cecere）并功成身退后，理查德正在考虑他职业生涯的下一篇章。他回顾了美国合众银行董事会如何帮助他在CEO这一职位上逐渐成熟并最终取得成功："董事会里有阿特以及其他成就卓越的领导者，他们为我提供了一个外部视角，对我构成有益的挑战，推动我进行思考，这一切的确让我成长为一个更有效的领导者和更好的CEO。当我接任CEO时，阿特告诉我应该始终把董事会视为宝贵的资源而不是威胁。是的，我接受了他的建议并牢记在心。我心里毫不怀疑，董事会的集体知识和法律意见让我能够做出更好的决策，反过来让我们的员工、客户和股东受益。"

通过学习本章的深入见解，与大多数新手CEO相比，你有更大的机会把你与董事会的关系从焦虑来源转变为业务竞争优势以及你个人成长和支持的来源。

关 键 要 点

1. 积极主动地建立一个高效的董事会，从你CEO任期之初就开始。

2. 和每位董事会成员建立"密切的私人"关系。了解他们的个人需求、议事日程和利益所在。摸清董事会里各派互动关系和权力态势。

3. 主动让董事会成员参与经营以支持公司业务发展，建立明确的角色和参与规则，并在此基础上和他们保持一致。

4. 避免"突发事件"！

结　语

从平凡迈向卓越

如果安于现状，生命就会失去应有的热情。

——纳尔逊·曼德拉

我们经常被要求举出一位"完美"的CEO。在当面为超过300人提供建议或评估后，我们认识到，我们所知道的唯一的完美CEO是我们不太了解的人。成功的CEO有着各种各样的成长背景。许多被视为非凡的CEO都有着非常平凡的开端。他们中的每一个人都经历过混乱的争斗和毁灭性的失败，就像你可能已经在自己的职业生涯中经历过的那些一样。

在本书中，我们向你介绍了许多CEO，目的是向你阐述和增强关于CEO的见解。这些见解是我们根据超过17 000名领导者的历史记录进行长达10年的研究得出的。我们希望你能从他们戏剧性的经历、胜利和失败中看到经验教训：CEO的教训能够帮助到所有人。无论你是渴望领导一家公司，还是仅仅为了推动自己的职业发展和贡献，你都有机会通过本书直接学习最成功的商业人士的智慧和经验。

当我们一起走完这段旅程时，我们发现自己又回到了"完美"CEO的这个问题上。虽然完美的CEO并不存在，但有一种特定类型的领导者赢得了我们最高的评价。

这就是我们所说的"目标崇高、能力超群"的领导者。除了掌握四种CEO基因组行为之外，这些领导者通过两项独特行动为股东创造了非凡的价值。第一项是他们以清晰的目标为导向，第二项是他们创造了一个扎根于强大价值观的企业文化。

我们很幸运遇到了几位目标崇高、能力超群的领导者。拉杰·古普塔（你在第10章中遇到过）就是其中之一。拉杰在印度长大，他的父亲是土木工程师，母亲是家庭主妇，他有5个兄弟姐妹。谁都没想到拉杰有一天会执掌一家世界500强的公司，更不用说在他的带领下，罗门哈斯公司在其10年的任期内成为表现最好的两家世界500强公司之一，其股票成为大多数人梦寐以求的、值得投资的股票。拉杰将罗门哈斯公司从一家中等规模的特种化学公司发展成为行业领先者。一开始，他就果断行事，在一个季度内完成了三次收购。道琼斯工业平均指数在1999年至2009年期间下跌了27%。而同一时期，在拉杰的领导下，罗门哈斯的股价上涨了117%。在当时那种大环境下，许多CEO被潜在的危险击倒，而拉杰在面对一模一样的潜在危险的情况下却创造了这些胜利。自从成功将罗门哈斯公司出售给陶氏公司以后，拉杰就一直致力于为他人服务。除了慈善活动之外，他还为24位CEO担任顾问提供支持，并在包括领航投资（Vanguard）、惠普、德尔福汽车零配件制造公司（Delphi Automotive）在内的15个董事会里担任董事。

我们联系拉杰，想让他回想一下自己自豪的成就。拉杰非常高兴，在清晨7点钟通过Skype（美国一款即时通信软件）打来电话："我还是会每天凌晨4点就起床。早在罗门哈斯任职的时候，早晨就是我效率最高的时间。老习惯很难改掉了。"

在我们聊天的过程中，拉杰的脑子里闪现出了关于遗产的问题。他刚刚帮助小女儿凡妮塔·古普塔（Vanita Gupta）——民主和人权领导会议的CEO——主持了一次慈善活动。许多拉杰的前同事从全国各地飞到费城支持他和他的女儿，以及他和女儿都坚信的使命。"我坚信，这个国家能够成功依靠的是两项根本原则：一项是法治，还有一项就是人人机会平等。"拉杰说道，"作为移民，我一直从这些原则里直接受益。确保这些价值观保持强盛，这是我的职责，也是每位领导者的责任。正是这些价值观让我走上人生巅峰。我作为CEO深植于罗门哈斯公司企业文化中的也是同样的价值观。"

你立马就能看出拉杰建立团队时反映出来的这些价值观。他团队里的女性、拉美裔、非洲裔美国人、亚洲人和欧洲人，都强烈地代表着他的价值观。这是当时世界500强企业中最具多元化的领导团队之一。多年以来，拉杰的直接下属中有13人已经在世界各地当上了公司CEO，这本身就是一份巨大的遗产。

"你的出身并不重要，"拉杰说道，"只要你能做出成绩，你在罗门哈斯的前途就没有限制。这就是我们作为企业超越所有预期的原因。这就是为什么我们会成为业内闻名的'CEO工厂'。长期股东回报是CEO的终极指标。但是，回报是一种输出，而不是输入。我们专注于建立一支优秀的团队，专注于为我们的客户、我们全球23 000名员工及其依靠我们生活的家人做正确的事。"

对拉杰来说，这项使命过去是、现在也是属于他个人的。我们都知道，当上CEO会给你带来权力、额外待遇、奖励和荣誉。然而，拉杰表示他对这项工作唯一想念的就是人。拉杰通过名字就能认出全世界近1000名员工。"我当CEO时最喜欢的部分是让员工们的个人生活发生改变，鼓励他们，帮助他们实现超出他们想象的潜力。这也是我退休之后做的事，包括在董事会任职，以及出书、当顾问、授课和当导师。"他说道。

拉杰的经历非同寻常，但并非孤例。目标崇高、能力超强的领导者们早早地起床工作，为他人谋取更好的结果。CEO和其他领导者可以对数百、数千，有时甚至是数百万人的生命产生强大的影响。

最后，我们希望你能帮助我们实现写这本书的目的。我们几个都是两个小孩的母亲。和世界上任何地方的父母一样，我们最大的希望就是我们的孩子能够在一个安全、公平和富足的世界里长大，展现自己的潜力。领导者拥有平凡人无法企及的力量来塑造这样一个世界。他们帮助将人类送上月球，帮助推倒柏林墙。他们解开了链球菌的秘密，为治疗遗传疾病创造可能的方法。但领导者也可以竖起高墙，阻碍进步，排斥和边缘化普通大众。

我们希望帮助善良的领导者获胜。有了这本书，我们渴望鼓励和帮助你展现全部潜力，不论你的出发点或最终目的地在哪里。这样你就可以成为一位让世界变得更美好的领导者。

盯住你的疑惑和缺点，并利用本书中的课程克服它们。在我们陪伴你走过这段历险临近尾声的时候，我们希望你能看到，我们相信的是一个可以证明的事实：

你，同样，是一位CEO。至少，你可以成为一位CEO。

并且别忘了将帮助你取得成功的建议和支持传递给其他人。

图书在版编目（CIP）数据

为什么精英都有超级领导力 / （美）埃琳娜·L. 博特略（Elena L. Botelho），（美）金·R. 鲍威尔（Kim R. Powell）著；张缘，刘婧译 . -- 长沙：湖南文艺出版社，2019.7

书名原文：THE CEO NEXT DOOR
ISBN 978-7-5404-9139-0

Ⅰ.①为… Ⅱ.①埃… ②金… ③张… ④刘… Ⅲ. ①领导学 – 通俗读物 Ⅳ.①C933-49

中国版本图书馆 CIP 数据核字（2019）第 060449 号

著作权合同登记号：图字 18-2018-257

THE CEO NEXT DOOR：The 4 Behaviors That Transform Ordinary People into World-Class Leaders
by Elena L. Botelho and Kim R. Powell
Copyright © 2018 by G. H. Smart & Company, Inc.
Published in the United States by Currency, an imprint of the Crown Publishing Group, a division of Penguin Random House LLC, New York.
Published by arrangement with Taryn Fagerness Agency
through Bardon-Chinese Media Agency
Simplified Chinese translation copyright ©2019 by China South Booky Culture Media Co., Ltd
ALL RIGHTS RESERVED.

上架建议：商业·成功励志

WEI SHENME JINGYING DOU YOU CHAOJI LINGDAOLI
为什么精英都有超级领导力

作　　者：[美]埃琳娜·L. 博特略（Elena L. Botelho）
　　　　　[美]金·R. 鲍威尔（Kim R. Powell）
译　　者：张　缘　刘　婧
出 版 人：曾赛丰
责任编辑：薛　健　刘诗哲
监　　制：蔡明菲　邢越超
策划编辑：李彩萍
特约编辑：万江寒
版权支持：姚珊珊　文赛峰
营销支持：傅婷婷　文刀刀　周　茜
封面设计：刘红刚
版式设计：潘雪琴
出版发行：湖南文艺出版社
　　　　　（长沙市雨花区东二环一段 508 号　邮编：410014）
网　　址：www.hnwy.net
印　　刷：三河市中晟雅豪印务有限公司
经　　销：新华书店
开　　本：880mm×1270mm　1/32
字　　数：220 千字
印　　张：8
版　　次：2019 年 7 月第 1 版
印　　次：2019 年 7 月第 1 次印刷
书　　号：ISBN 978-7-5404-9139-0
定　　价：45.00 元

若有质量问题，请致电质量监督电话：010-59096394
团购电话：010-59320018